JN437323

몸으로 익히는

테니스

숭실대학교 출판국

몸으로 익히는

테니스

초판 발행 2015년 6월 15일
지은이 오세이, 전태준, 임진선
펴낸이 한헌수
펴낸곳 숭실대학교 출판국
서울 동작구 상도로 369
등 록 제14-2호(1982.1.25)
TEL.02-820-0772
FAX.02-817-5297
http://press.ssu.ac.kr
찍은곳 한컴인쇄정보
TEL.02-2274-3394
FAX.02-2274-3397
값 10,000원
ISBN 978-89-7450-342-0 03690

머리말

테니스는 동호회와 대중적 인지도가 높은 종목 중 하나입니다. 많은 교재들로 테니스를 소개하고 있지만, 조금 더 쉽게 테니스에 대한 이해를 돕기 위해 본서를 집필하게 되었습니다. 요즘 국내선수들의 4대 메이저 대회에 출전하는 모습들로 인해 많은 동호인들의 마음을 뜨겁게 달궈지고 있습니다. 이런 점들을 보며, 점점 테니스에 대한 관심이 증가할 것으로 예상합니다.

대학에서 여가활동의 일환으로 테니스는 네트운동의 메카라 할 수 있으리만큼 매력이 넘치는 종목입니다. 다이나믹한 움직임을 통해 득점을 해야 되는 운동으로 체력과 기술이 구축되어있어야 합니다. 본 교재를 바탕으로 많은 학생들의 테니스에 대한 관심과 참여가 활발해지기를 기대하는 바입니다.

또한 이 책이 편찬되기까지 테니스 모델로 승낙해주신 이다희 선생님, 사진편집을 맡아주신 선생님, 책의 전반적인 구성을 도와준 김지학 후배와 여러 교수님들께 감사의 마음을 전합니다. 또한 교재 편찬에 도움을 주신 숭실대학교 출판국 관계자분들께도 감사의 말씀드리며, 몸으로 익히는 테니스를 통해 대학시절 테니스 종목만은 능수능란하게 할 수 있으시기를 기대합니다. 감사합니다.

2015년 5월
저자 일동

CONTENTS

머리말 003

1 테니스의 역사 007

1) 테니스의 기원 및 발달 007
2) 우리나라의 테니스 역사 009
3) 최근 테니스의 동향 009

2 테니스 에티켓 011

1) 용구와 복장 011

3 테니스의 시설 및 용구 016

1) 코 트 016
2) 상설물 018
3) 볼 019
4) 라켓의 규정 019

4 테니스의 경기방법과 규칙 020

1) 단식경기 020
2) 복식경기 032

5 테니스의 기본기술 035

1) 그립과 스윙 035
2) 그라운드 스트로크/포핸드 045
3) 그라운드 스트로크/백핸드 050
4) 발리 056
5) 스매시 060
6) 서비스 064
7) 리시브 070

6 테니스의 응용기술 072
1) 로빙 072
2) 하이 발리 074
3) 로우 발리 075
4) 드롭샷 076
5) 드롭 발리 077
6) 하프 발리 078
7) 러닝샷 079

7 프리테니스 080
1) 프리테니스란? 080
2) 경기방법 081
3) 용구 086

1 테니스의 역사

1) 테니스의 기원 및 발달

'라 뽀므'란 프랑스어로 '손바닥'이라는 뜻이다. 이 경기는 손바닥으로 볼을 치는 구기 경기 이었으며, 테니스란 말의 어원은 확실하진 않으나 프랑스어로 '때린다'라는 뜻인 'Tenez'에서 나온 것으로 많이 알려져 있다.

서로 볼을 치며 즐기는 게임은 '쥬드 폼'이라는 명칭으로 프랑스, 영국, 이탈리아 등 유럽의 여러 나라에서 이미 13~14세기 무렵부터 정원이나 옥내에서 성행하고 있었다. 특히, 프랑스 왕실의 테니스에 대한 사랑은 대단하였다고 전해지고 있다. 프랑스 왕실은 테니스와 관련된 시설에 많은 비용을 들였고, 그 결과 프랑스의 테니스를 즐기는 인구는 급격하게 증가하게 되었다. 1596년 파리의 인구는 30만 명이었는데 비해 테니스 코트는 250개나 있을 정도였다.

영국에서의 테니스 발달도 왕실이 중심이 되어 발달하게 된 것은 프랑스와 동일하지만, 프랑스에서는 쥬드폼이라고 불리던 것이 영국에서는 '테니스'란 말로 표현되던 것이 다른 점이다. 엘리자베스 여왕이 테니스 관람을 매우 좋아하였는데 이것이 전통이 되어 탄생한 테니스 선수권전인 윔블던 대회에는 지금까지도 왕실의 사람들이 꼭 참석하고 있다.

현대의 테니스 모습을 점차 갖추게 된 시기는 1800년대 후반이다. 1874년 영국의 근위대 기병 장교인 윌터 크로프튼 윈필드 소령에 의하여 코트와 네트가 만들어지게 되었고, 1875년에는 '메릴리본 크리켓 클럽(Marylebone Cricket Club)'에 의해 경기 규칙이 제정되었다.

윈필드 소령이 고안한 방법은 근대 테니스와 가장 흡사한 모습이었으나 코트의 가운데가 잘록한 이상한 모양이었으며, 정확한 코트의 넓이와 네트의 높이 등은 규정된 것이 없었지만, 테니스 규칙으로는 최초였다는 것에 의미가 있다. 또한 윈필드 소령은 자신이 고안한 잔디밭에서 하는 테니스를 새로 개발하였다.

그 뒤 영국인인 마샬(Marshall, J.)에 의해 고안된 경기규칙은 실외 잔디밭에서 이용하게 되었는데, 이것이 현대 테니스 경기규칙의 가장 기본적인 틀이 되었다.

1877년 4월에는 영국 런던의 윔블던에 있는 올 잉글랜드 크로켓 클럽이 '론 테니스'라는 명칭을 추가, 그곳 론테니스 위원회가 '피프틴즈 게임즈와 세트에 의한 스코어링'을 정신으로 채용하였다. 그리고 그 해 제1회 전영국 선수권대회를 런던 교외에 있는 윔블던(Wimvledon)에서 개최하게 되었는데 여기에 22명의 선수가 참가하였었다. 그것을 계기로 영국 내에서 론테니스에 대한 관심이 높아지게 되었고, 그 후 이 대회는 지금까지도 4대 메이저 대회 중의 하나로 자리매김하고 있는 최고의 테니스 대회가 되었으며, 이것은 모든 테니스인들의 선망의 대상이 되었다.

기간	대회명	대최지	코트종류
1월 중	호주 오픈	멜버른	하드(클렉시쿠션)
5~6월	프랑스 오픈	파리	클레이
6~7월	윔블던	런던	잔디
8~9월	US 오픈	뉴욕	하드(데코터프)

4대 메이저 대회

그 뒤로 1881년 미국에서 전미선수권대회가 창설되었고, 1905년에는 전호주선수권대회가 창설되게 되었다. 또한, 1900년에는 미국 보스턴에서 첫 국가대항전인 데이비스컵대회가 개최되었고, 1913년에는 세계테니스연맹(International Tennis Federation)이 설립되었다.

올림픽에서는 1896년 제1회 대회부터 1924년 제8회까지 정식 종목으로 채택되었다가 1988년 우리나라 서울에서 열린 제24회 서울올림픽대회에서 64 년 만에 정식 종목으로 부활되어 오늘날까지 이어져오고 있다. 1990년대에 들어서는 ATP Tour 대회가 새로이 창설되어 테니스가 더욱 활성화되고 있다.

2) 우리나라의 테니스 역사

우리나라에 최초로 테니스가 소개된 시기는 1885년 미국인 선교사인 뱅키와 제중원의 앤더슨 박사에 의해서였다. 그 뒤 1908년 탁지부(현 재무부)의 일본인 관리들이 친목을 목적으로 회동구락부를 만든 뒤 마장동에 테니스 코트를 만듦으로써 우리나라의 테니스 역사가 시작되게 되었다. 그러나 이때의 테니스는 일본에서 들여온 연식 정구였으며, 정식 테니스 경기가 시작되게 된 것은 1926년 경성제대 정구부장인 강성태 씨가 연식 정구부를 테니스부로 전환한 이듬해인 1927년이었다. 8.15광복과 함께 1945년 10월 1일 경식과 연식이 통합된 조선정구협회가 탄생하게 되었다. 이어서 우리나라는 1946년 9월 세계 테니스연맹에 가입하였고, 그 해 9월 25일 제1회 전국테니스선수권대회가 열렸다. 이후 1955년 대한테니스협회와 대한정구협회로 분리되었다.

그 뒤로 1970년대 이후 테니스는 세계적인 붐이 일게 되는데 우리나라에서도 급속도로 보급 발전되어 여러 세계대회에서 우수한 성적으로 입상을 하게 되면서 아시아 최강의 테니스 강국으로 자리매김하게 되었다.

3) 최근 테니스의 동향

최근 한국에서는 세계의 많은 스포츠 종목들 가운데 테니스만큼은 유독 그리 알려져 있지 못하다. 이것의 가장 큰 이유로는 테니스가 세계 여러 나라에서 매우 인지도 높은 스포츠이지만 정작 우리나라에는 뛰어난 테니스 선수가 없기 때문일 것이다.

그랜드슬램 대회를 비롯하여 다수의 투어에서 세계의 많은 선수들이 돈과 인기를 얻어 가고 있을 때 국내선수 중에는 아직까지 이형택을 제외하면 특별히 세계무대에서 눈에 띄는 성적을 올리는 선수를 찾아볼 수 없었다.

일부에서는 우리나라에서의 테니스 인기의 하락 원인을 변변한 투

어대회 하나 없는 국내 사정에 두기도 한다. 물론 이것도 어느 정도 타당성 있는 주장이기는 하다. 그러나 투어대회를 한번 개최한다고 크게 달라지는 것은 없을 것이다. 과거 2005년에 한솔 코리아오픈을 개최하고 해외 유명 선수들을 초청하는 등 많은 노력을 기울였지만 현재 크게 달라진 모습은 보이지 않고 있기 때문이다.

우리나라의 테니스 발전을 위해서는 국내 동호회의 발전과 더불어 국제적인 스타 플레이어를 탄생시켜야 한다. 단적인 예로 우리나라는 피겨에서는 변방국이었지만 김연아라는 세계적인 스타 플레이어가 나타남으로써 국민들이 피겨에 대한 많은 관심을 가지게 되고 피겨 꿈나무들도 많이 생겨나면서 자연스럽게 피겨가 발전하게 되었다. 그런 의미에서 테니스계에서도 김연아와 같은 세계적인 스타 플레이어가 탄생하게 된다면 자연스럽게 우리나라에서도 테니스의 위상은 높아질 것이다. 다행히도 최근에 그랜드슬램 주니어 대회 준우승자인 정현, 홍성찬, 이덕희와 같은 전도유망한 어린 선수들이 많이 육성되고 있어서 우리나라에서의 테니스의 미래는 앞으로 밝을 것이라 전망한다.

2 테니스 에티켓

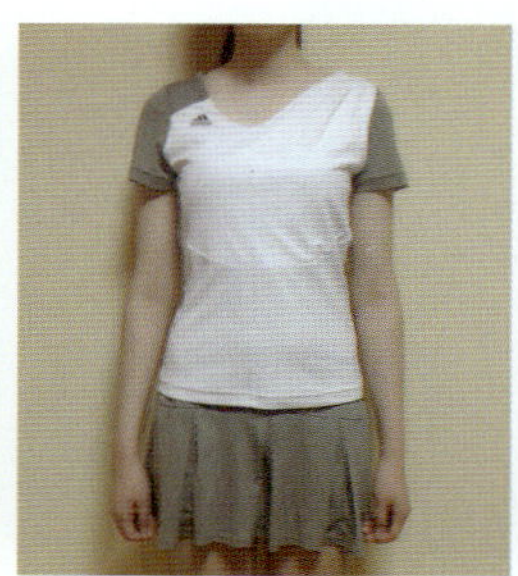
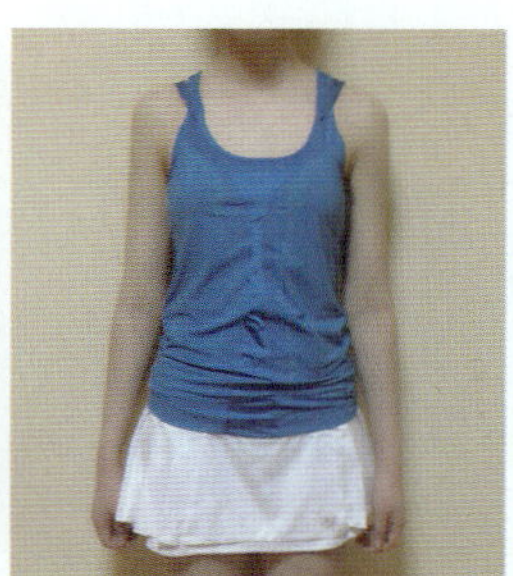

현대의 테니스 복장

1) 용구와 복장

테니스를 플레이하려면 최소한으로 라켓, 슈즈, 테니스웨어 이 3가지는 준비를 하여야 한다. 이 세 가지는 테니스를 하기에 앞서 가장 기본이므로 확실하게 기억하고 올바르게 선택하는 것이 매우 중요하다.

테니스 복장

(1) 라켓

라켓은 테니스를 하는데 있어 가장 우선적으로 필요로 하는 도구이다. 라켓은 종류가 매우 다양하다. 크기, 중량, 형상, 재질 등 다양한 요건들을 고려하여 자신에게 맞는 것을 선택하는 것이 중요하다.

그렇다면 라켓의 종류에는 어떠한 것들이 있을까? 라켓을 선택하는데 있어서 가장 먼저 고려해야 할 점은 바로 밸런스이다. 라켓은 헤드부분이 무거운 것, 그립부분이 무거운 것 등 다양하므로 라켓을 직접 휘둘러보고 결정하는 것이 가장 좋다. 일반적으로는 라켓의 받침점에 무게중심이 오는 것이 좋다고 할 수 있다. 결국, 헤드부분이 너무 무겁거나, 그립부분이 너무 무거운 것이 아닌 중간 정도의 밸런스가 가장 보편적으로 사용된다고 볼 수 있다.

그립의 사이즈도 다양하기 때문에 직접 잡아보고 자신의 손에 편하고 단단하게 잡히는 것을 선택하는 것이 좋다. 너무 두꺼워도 혹은 너무 얇아도 좋지 않다.

라켓의 중량도 매우 다양한데, 일반용으로는 거트를 맨 상태로 남녀 모두 280g~320g 정도가 좋다. 자신의 힘을 고려하여 너무 무거운 것을 선택할 경우 근력이 부족하여 제대로 된 스윙을 할 수가 없게 되고 또 너무 가벼운 것을 선택할 경우 타구가 강하게 날아가지 않게 되는 경우가 발생하게 된다.

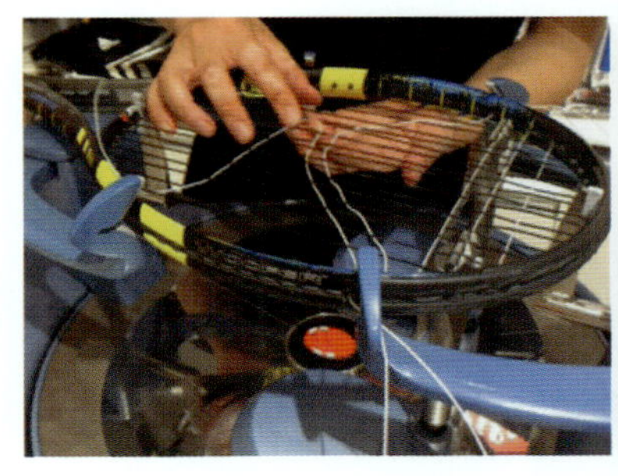
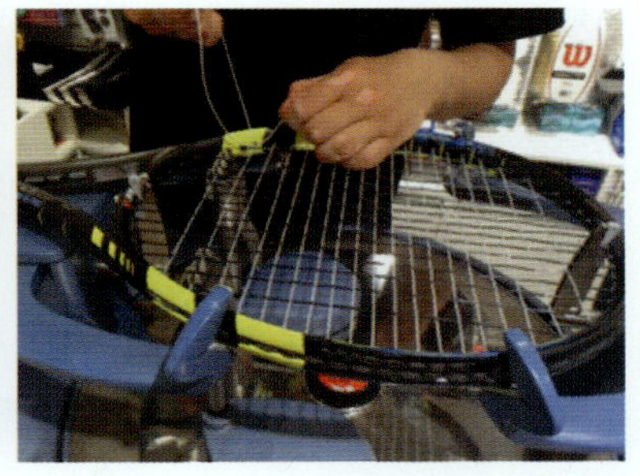

마지막으로 테니스 라켓에 메는 거트가 있다. 거트의 경우도 어떤 것으로 어떻게 만들어지느냐에 따라 종류가 매우 다양하기 때문에 자신의 스타일과 잘 맞는 거트를 선택하는 것이 매우 중요하다. 크게 천연소재를 사용한 제품과 합성소재를 사용한 제품으로 나누어서 생각해 볼 수 있다. 천연소재의 경우에는 양 창자(쉽 거트라는 명칭이 여기서 유래되었다)를 사용하였지만 최근에는 소의 내장에서 추출한 소재를 사용하여 제조하고 있다. 타구감 및 성능이 뛰어나다는 장점이 있는 반면 아무래도 가격이 비싸다는 단점이 있다. 또 다른 종류로는 흔히 말하는 "인조쉽"이 있다. 이 경우는 합성 소재를 얇은 가닥으로 만들어서 이것을 여러 개로 모아 꼬아서 만든 형태를 취하고 있다. 다른 용어로 "멀티필라멘트"스트링이라 부르고 있다. 타구감이 비교적 부드러운 편이라는 장점이 있지만 대신 내구성은 좀 약한 단점도 가지고 있다.

인조쉽 거트　　폴리에스터 거트

인조쉽과는 다르게 얇은 가닥으로 만들어 꼬아내는 대신 하나의 통짜로 만들어서 스트링을 구성하는 경우도 있다. 그것을 "폴로필라멘트"스트링이라 부르는데 통상 폴리에스터 소재로 구성되고 여기에 특수한 코팅을 입히는 형태를 취하고 있다. 내구성이 좋고 파워가 뛰어난 반면 딱딱하다는 단점이 가지고 있는데 이러한 딱딱한 해소하기 위해서 다양한 소재 및 연구가 진행되고 있고 새로운 폴리 스트링들이 출시되고 있다.

(2) 슈 즈

테니스 슈즈에는 소가죽 제품, 합성피혁 제품 등 여러 가지가 있다. 하지만 연습 시에는 값비싼 것은 필요가 없기 때문에 요즘에는 스포츠 용품점에서 팔고 있는 것으로도 충분히 사용 가능하다. 그러나 코트표면을 망치는 슈즈는 사용하지 않는 것이 예의이며, 각 코트의 성질별로 알맞은 신발의 종류가 각기 다르기 때문에 자신이 주로 플레이하는 코트의 스타일에 맞추어서 신발을 선택하는 것이 좋은 방법이 될 수 있다.

(3) 테니스웨어

테니스를 할 때의 복장은 움직이기가 간편하고, 경기상대, 심판, 관객에 대한 예의를 지킨다는 의미에서 청결해야 한다. 그렇기 때문에 흰색 계통의 디자인이 가장 무난하다. 예전에는 남자는 긴 바지, 여자는 롱 스커트를 입고 경기에 임했었다. 그러나 현대에는 남자는 반바지에 폴로셔츠,

여자는 원피스 혹은 셔츠에 짧은 스커트이다. 반바지를 입는 여자도 있지만, 테니스가 품위 있는 스포츠인 것을 감안하였을 때 스커트가 더 바람직하다고 볼 수 있다.

또한, 땀을 다량으로 흘리는 스포츠이기 때문에 흡수성과 발한성이 뛰어난 면제품이나, 요즘 많이 개발된 스포츠 전용 소재로 만든 것을 입는 것이 더욱 효과적이다.

3 테니스의 시설 및 용구

1) 코 트

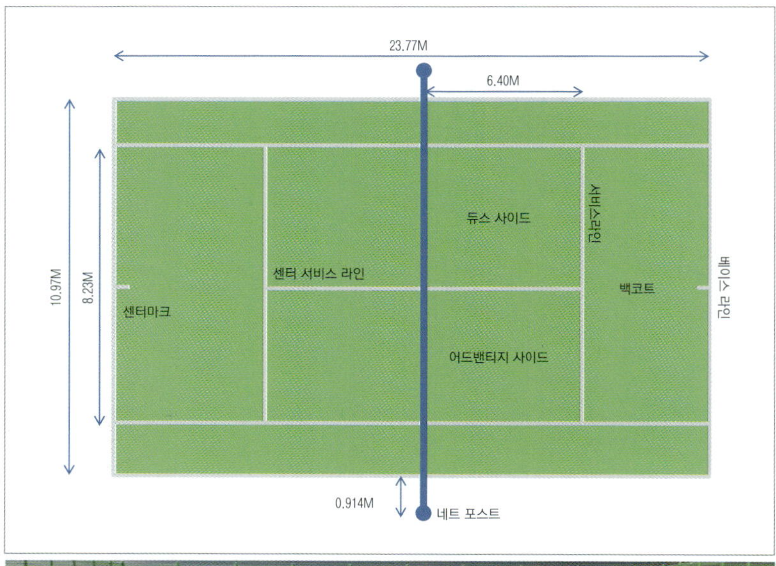

테니스 코트

코트는 세로 78피트(23.77m), 가로 27피트(8.23m)인 직사각형이어야 한다. 코트는 직경 6인치(15cm) 이내인 2개의 포스트 상단부분에 부착

된 최대 1/3인치(0.8cm)의 케이블로 걸려 있는 네트로 중심을 가로질러 나누어져 있어야 한다. 이 포스트들은 네트 코트의 상단 위로 1인치(2.5cm)를 넘어서는 안 된다. 포스트의 중앙은 코트의 각 사이드 바깥으로 3피트(0.914m) 거리에 있어야 하며, 포스트의 높이는 케이블의 최고 높이인 지면 위 3피트 6인치(1.07m)이어야 한다.

복식과 복식네트를 사용하는 단식코트가 단식에 사용된다면 네트는 한 변이 3인치(7.5cm)인 정사각형 또는 직경이 3인치(7.5cm)인 '싱글스틱'이라고 불리는 3피트 6인치(1.07m) 높이인 2개의 포스트 대용품으로 지지되어 있어야 한다. 싱글스틱의 중앙은 단식 코트의 각 사이드 바깥으로 3피트(0.914m) 거리에 있어야 한다. 설치된 2개의 포스트 사이의 공간을 모두 채우도록 충분히 뻗어 있어야 하며, 볼이 네트 사이를 통과하는 것을 방지하기 위해 충분히 촘촘하게 그물이 구성되어 있어야 한다. 네트의 높이는 중앙에서 3피트(0.914m)이어야 하며, 2인치(5cm) 이내의 백색의 스트랩으로 팽팽하게 유지되어야 한다. 네트에는 코드나 케이블을 덮는 밴드가 있어야 하며, 네트 상단은 양쪽 면에서 백색 색상으로 2인치(5cm) 이상, 2 1/2인치(6.35cm) 이내의 두께이어야 한다. 스트랩이나 밴드, 싱글 스틱에는 광고가 있어서는 안 된다. 네트 상의 광고는 각 네트 포스트로부터 3피트(0.914m) 이내인 네트부분에 부착이 허용되며, 네트를 통해 들여다볼 수 있는 방법으로 제작해야 한다. 이때 광고는 백색이나 노란색을 포함할 수 없다.

코트의 양 끝과 양 옆을 경계 짓는 라인은 베이스라인과 사이드라인이라고 부른다. 네트의 양면에서부터 21피트(6.40m)의 거리에 네트와 평행으로 서비스 라인을 긋는다. 서비스라인과 사이드라인 사이에 네트 양쪽의 공간은 사이드라인과 평행으로 반분되어 그려진 폭 2인치(5cm)인 센터서비스라인에 의해 서비스 코트라고 부르는 2개의 똑같은 부분으로 나누어져야 한다. 각 베이스라인은 길이 4인치(10cm), 폭 2인치(5cm)인 '센터마크'라고 부르는 해당 베이스라인에서 코트 안쪽에 그려진 센터서비스라인의 가상 연장선에 의해 이등분되어야 한다. 다른 모든 라인은 폭 4인치(10cm) 이내인 베이스라인을 제외하고 폭이 1인치(2.5cm) 이상 2인치(5cm) 이내이어야 하며, 모든 측량은 라인의 바깥쪽으로부터 실시해야 한다. 모든 라인의 색상은 동일하여야 한다. 만약, 광고나 다른 어떤 표식이 코트의 뒤편에 배치된다면 백색이나 노란색은 사용할 수 없다. 다른 밝은 색상의 경우에는 선수의 시야를 방해하지 않는 경우에 한해서만 사용할 수 있다.

2) 상설물

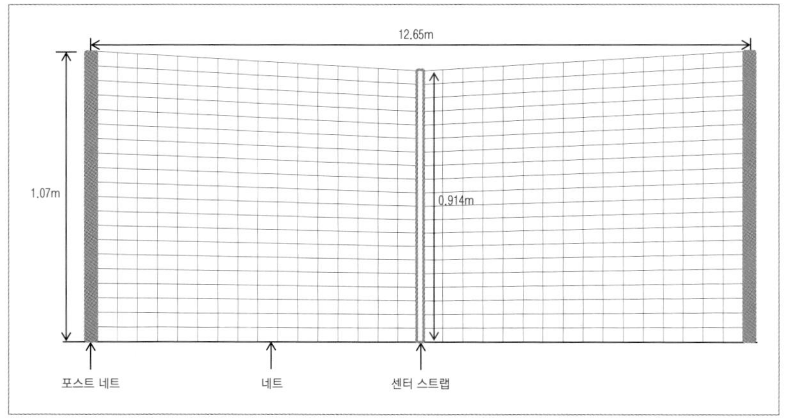

네트의 구성요소

코트의 상설물은 네트, 포스트, 싱글 스틱, 코드 또는 메탈 케이블, 스트랩과 밴드, 백스톱, 사이드스톱, 스탠드, 코트 주변의 의자, 그러한 의자에 앉은 사람, 코트 주변이나 위에 놓인 모든 비품들, 자신이 맡은 위치에 자리한 엄파이어, 네트 코드 저지, 풋폴트 저지, 라인즈맨, 볼보이 등을 포함한다.

3) 볼

테니스 규칙에 따라 경기를 하기 위해 공인된 볼들은 아래와 같은 조건에 부합되어야 한다.

a. 볼은 직물로 이루어진 고른 외부표면을 가져야 하며, 색상을 백색 또는 노란색이어야 한다. 만약, 볼에 접합선이 있는 경우에는 꿰맨 자국이 없어야 한다.

b. 볼의 직경은 2.5인치(6.35cm) 이상, 2.626인치(6.67cm) 이하, 무게는 2온스(56.7g) 이상, 2와 1/16온스(58.5g) 이하이어야 한다.

4) 라켓의 규정

다음 명세에 부합되지 않는 라켓은 테니스규칙에 따라 경기에 사용하는 것이 허용되지 않는다.

a. 라켓의 표면은 평평하여야 하며 십자가형으로 메어진 스트링이 프레임에 연결된 방식으로 이루어져 있어야 한다. 또한, 교차된 줄이 번갈아 섞여 짜이거나 맺어져야 한다. 그리고 스트링을 맨 형태는 전체적으로 균일해야 하며, 중앙부분의 밀도가 다른 부분보다 낮아서는 안 된다. 라켓은 양쪽면의 경기적인 특성이 동일하도록 고안되고 스트링이 매어져야 한다. 스트링에는 마모 또는 진동을 줄이거나 방지하기 위해 특별하게 허용된 것과는 별도로 물건이나 돌기를 부착할 수 있으며, 그러한 부착물은 해당 목적을 위해 규격과 위치가 합당해야 한다.

b. 라켓의 프레임은 손잡이를 포함한 전체 길이가 29인치(73.66cm)를 초과해서는 안 된다. 라켓의 프레임은 전체 폭이 31.75cm를 초과할 수 없다.

4 테니스의 경기방법과 규칙

1) 단식경기

단식경기의 모습

(1) 서버와 리시버

선수들은 네트를 중심으로 서로 반대편에 선다. 볼을 처음으로 타격하는 선수를 서버, 그리고 다른 쪽을 리시버라고 부른다.

(2) 앤드와 서비스의 선택

첫 번째 게임에서 앤드의 선택과 서버 또는 리시버가 되는 권리는 토스로 결정한다. 토스에서 이긴 선수는 선택을 하거나, 상대방 선수에게 선택을 하도록 요청할 수 있다.

(3) 서비스

서비스는 다음과 같은 방법으로 행해져야 한다. 서브를 시작하기 전에 서버는 베이스라인 뒤쪽, 그리고 센터 마크와 사이드라인의 가상연장선 내에서 양발을 붙이고 선다. 그리고, 손으로 어느 방향이든 볼을 공중으로 올리고 자신의 라켓으로 볼을 치면 라켓이 볼을 치는 순간 타격이 완료되는 것으로 간주된다.

서비스 하는 모습

(4) 풋폴트

풋폴트 하는 모습

서버는 서비스를 넣는 전체 과정 중에 걷거나 뛰는 것에 의해 자신의 위치를 변경해서는 안 된다. 서버는 자신에 의해 선택된 원래 위치에 실질적인 영향을 주지 않는 경미한 발동작도 해서는 안 된다. 이는 '걷거나 뛰는 것에 의해 자신의 위치를 변경하는 것'으로 간주된다. 또한 양쪽 발 모두 센터마크와 사이드라인의 가상연장선 내의 베이스라인 뒤쪽이 아닌 다른 지역을 밟아서도 안 된다.

(5) 서비스의 인도

서비스를 할 때 서버는 매 게임 오른쪽 코트에서 시작해 왼쪽 코트로 교대하여야 한다. 만약, 잘못된 순서의 코트에서 서비스가 이루어졌을 때 잘못이 발견되지 않았다면 그와 같은 잘못된 서비스 아래 이루어진 모든 경기 결과는 유효하게 되나 잘못은 발견되는 즉시 정정되어야 한다.

서브된 볼은 리시버가 볼을 리턴하기 전에 네트를 넘어 대각선 방향의 서비스 코트 내 지면 또는 해당 코트의 라인 위에 떨어져야 한다.

(6) 서비스 폴트

다음 서비스는 폴트(fault)이다.

a. 서버가 규칙 7조, 8조, 9조 (b)항을 위반했을 경우

b. 볼을 치려다가 실패했을 경우

c. 서브한 볼이 상대방 코트 지면에 닿기 전에 퍼머넌트 픽스쳐(네트, 스트랩, 밴드 이외의 것)에 닿았을 경우

(7) 제2서비스

폴트 후(첫 번째 폴트인 경우) 서버는 규칙 9조에 따라 서버에게 올바른 코트에서 서비스 1회만이 부여되는 잘못된 서비스인 경우가 아니라면 폴트를 범한 동일한 코트에서 다시 서브를 한다.

(8) 서브할 때

서버는 리시버가 준비를 갖추기까지는 서브를 해서는 안 된다. 서비스 리턴을 시도했다면 리시버가 준비를 갖춘 것으로 간주한다. 그러나 리시버가 자신이 준비되지 않았음을 표시했다면 볼이 서비스를 위해 정해진 한도 내에 지면에 닿지 않았으므로 폴트임을 주장할 수 없다.

(9) 레 트

규칙에 따라 레트(let)가 선언되거나 경기에 방해가 된 모든 경우는 다음과 같은 해석이 따른다.

a. 서비스와 관련하여 선언된 경우에는 해당 서비스만을 다시 한다.

b. 그 밖의 다른 경우에 선언되면 포인트를 다시 시작한다.

(10) 서비스에서의 레트

다음과 같은 서비스는 레트이다.

a. 서브된 볼이 네트, 스트랩 또는 밴드에 닿았어도 정확한 서비스코트에 들어갔을 경우, 또는

b. 네트, 스트랩 또는 밴드에 닿고 볼을 치기 전에 리시버 또는 리시버의 옷이나 소지품에 닿았을 경우

c. 리시버가 준비되지 않은 상황에서 서비스 또는 폴트가 이루어진 경우

d. 레트의 경우 해당 서비스는 계산되지 않으며, 서버는 서브를 다시 해야 하지만 서비스 레트는 그 이전의 폴트와는 무관하다.

(11) 서비스의 순서

첫 번째 게임이 끝나면 리시버는 서버가 되며 서버는 리시버가 된다. 그리고, 그 이후 경기의 모든 게임에서 리시버와 서버의 교대가 이루어져야 한다. 선수가 틀린 순서로 서브를 했다면 서브할 차례의 선수는 실수가 발견되는 대로 서브를 해야 하며, 그와 같은 실수가 발견되기 전까지의 스코어는 유효하다. 그와 같은 실수를 발견하기 전의 서비스 폴트는 계산하지 않는다. 그와 같은 실수를 발견하기 전에 게임이 종료되었다면 서비스의 순서는 변경된 채로 진행한다.

(12) 엔드의 교체

앤드 교체전 쉬는시간

선수는 각 세트의 첫 번째, 세 번째, 그리고 이어지는 교대 게임, 그리고 다음 세트의 첫 번째 게임이 끝날 때까지 엔드를 교대하지 않는 해당 세트의 총 게임수가 짝수일 경우 외에 각 세트 종료 시마다 엔드를 교대해야 한다.

실수가 발생되고 정확한 차례가 이어지지 않았다면 선수는 발견되는 대로 정확한 코트로 옮겨야 하며, 원래 차례로 계속해야 한다.

(13) 경기 중인 볼

서비스가 이루어지는 순간 볼은 경기 중이 된다. 폴트 또는 레트가 선언되지 않는 이상 포인트가 결정될 때까지 경기 중이 된다.

(14) 서버의 득점

다음의 경우 서버가 득점을 한다.

a. 규칙 14조에 따라 레트가 되는 경우를 제외하고 서브된 볼이 지면에 닿기 전에 리시버 또는 리시버의 옷이나 소지품에 닿았을 경우

b. 규칙 20조에 명시된 바에 따라 리시버가 실점한 경우

(15) 리시버의 득점

다음의 경우 리시버가 득점을 한다.

a. 서버가 두 번 연속 폴트를 한 경우

b. 규칙 20조에 명시된 바에 따라 서버가 실점한 경우

(16) 선수의 실점

다음의 경우 선수는 실점을 하게 된다.

a. 경기 중인 볼이 두 번 연속 지면에 닿기 전에 네트 너머로 직접 리턴하는데 실

패한 경우

b. 경기 중인 볼을 리턴했으나 상대 선수의 코트 라인 밖의 지면, 퍼머넌트 픽스쳐 또는 다른 물건에 닿았을 경우

c. 코트 밖에 서 있었어도 볼을 발리하여 제대로 리턴하는데 실패했을 경우

d. 경기 중인 볼을 고의적으로 자신의 라켓으로 나르거나 잡았을 경우 또는 고의적으로 자신의 라켓으로 1회 이상 볼을 닿게 할 경우

e. 선수 또는 선수의 라켓(손에 들고 있든 아니든 간에) 또는 선수의 옷이나 소지품이 볼이 경기 중인 동안 언제라도 네트, 포스트, 싱글스틱, 코드 또는 메탈케이블, 스트랩 또는 밴드, 상대방 코트 내 지면에 닿았을 경우

f. 볼이 네트를 넘어오기 전에 발리를 한 경우

g. 경기 중인 볼이 한 손 또는 양 손에 들고 있는 라켓을 제외하고 선수의 옷이나 소지품에 닿았을 경우

h. 자신의 라켓을 던져 볼을 쳤을 경우

i. 경기 중 고의적이고 현저하게 라켓의 모양을 바꾼 경우

(17) 상대선수에 대한 방해

선수가 상대방이 스트로크하는 것을 방해하는 어떠한 행동을 했을 경우, 그것이 고의적이라면 실점을 하게 되며, 무의식적이라면 해당 포인트를 다시 한다.

(18) 라인 위에 떨어진 볼

라인 위에 떨어진 볼은 코트 내에 떨어진 것으로 간주한다.

(19) 퍼머넌트 픽스쳐에 닿은 볼

경기 중인 볼이 지면에 닿은 후 퍼머넌트 픽스쳐에 닿았다면 볼을 친 선수가 득점을 하게 된다. 지면에 닿기 전이라면 상대방이 득점을 하게 된다.

(20) 유효한 리턴

유효한 리턴은 다음과 같다.

a. 볼이 네트, 포스트, 싱글스틱, 코드 또는 메탈케이블, 스트랩 또는 밴드에 닿았어도 이것들을 넘어 코트 내 지면에 들어갔을 경우
b. 서브 또는 리턴된 볼이 넘어왔을 경우 선수가 네트 너머로 몸을 뻗어 볼을 쳤다면 규칙에 위배되지 않는다.
c. 리턴된 볼이 네트의 상단보다 높거나 낮음에 관계없이 볼이 포스트 또는 싱글스틱에 닿았더라도 포스트 또는 싱글스틱의 바깥쪽을 통해 적절한 코트 내 지면에 떨어졌을 경우
d. 볼을 리턴한 후에 선수의 라켓이 네트를 넘었더라도 리턴을 하기 전에 볼이 네트를 넘어왔고 적절하게 리턴되었을 경우
e. 서브된 또는 경기 중인 볼이 코트 안에 있던 다른 볼에 맞았더라도 볼을 성공적으로 리턴을 한 경우

(21) 선수에 대한 방해

선수가 코트 내 상설물 또는 규칙 21조에 명시된 경우를 제외하고 자신의 통제권 내가 아닌 것으로 인해 볼을 치는 것을 방해받았을 경우 레트가 선언된다.

(22) 게임에서의 스코어

포인트 카운트	콜
서버 1:0	피프틴, 러브(15:0)
2:0	써티, 러브(30:0)
3:0	포티, 러브(40:0)
1:1	피프틴, 올(15:15)
2:2	서티, 올(30:30)
3:3	듀스(40:40)
듀스 후 1점	어드밴티지, 선수이름(Advantage~)
1게임 종료	게임 원 바이 선수이름, 게임 투 선수이름 리딩

테니스 스코어 계산법

a. 선수가 첫 번째 포인트를 따면 스코어는 해당 선수에 대해 15로 콜한다. 두 번째 포인트를 따면 스코어는 해당 선수에 대해 30으로 콜한다. 세 번째 포인트를 따면 스코어는 해당 선수에 대해 40으로 콜한다. 그리고 다음과 같은 경우를 제외하고 네 번째 포인트를 따낸 선수에게 게임이 콜된다. 양선수가 3포인트씩을 얻었을 경우 코어는 듀스로 콜한다. 그리고 다음 포인트를 따면 스코어는 해당 선수에 대해 어드밴티지로 콜한다. 같은 선수가 다음 포인트를 따면 게임을 얻는다. 다른 선수가 다음 포인트를 땄다면 스코어는 다시 듀스로 콜하다. 듀스 스코어에 이어 한 선수가 연속적으로 두 포인트를 따면 스코어는 해당 선수에 대해 게임이 콜된다.

b. 선택적인 대안의 스코어 방식: 전통적인 스코어 방식의 대안으로 노애드 방식을 채용할 수 있으며, 대회를 개최하기 전에 적용결정을 발표해야 한다. 이 경우, 다음과 같은 규칙이 적용된다. 선수가 첫 번째 포인트를 따면 스코어는 해당 선수에 대해 15로 콜한다. 두 번째 포인트를 따면 스코어는 해당 선수에 대해 30으로 콜한다. 세 번째 포인트를 따면 스코어는 해당 선수에 대해 40으로 콜한다. 그리고 다음과 같은 경우를 제외하고 네 번째 포인트를 따낸 선수에게 게임이 콜된다. 양 선수가 3포인트씩을 얻었을 경우 스코어는 듀스로 콜한다. 리시버가 코트의 오른쪽 또는 코트의 왼쪽 중 어느 곳에서 서비스를 받기 원하는가를 선택한 후 한 개의 결정 포인트를 경기한다. 이 결정 포인트를 따낸 선수가 게임을 얻는다. (혼합복식의 경우에는 듀스에서 남자 선수가 서브를 한다면 코트의 어느 쪽에 서있든지 관계없이 상대복식조의 남자선수에게 서브를 해야 하며, 여자선수가 서브를 한다면 상대복식조의 여자선수에게 서브를 해야 한다.)

a. 상대방에게 2게임 이상의 차이로 이겨야 하며, 이러한 게임차가 이루어질 때까지 한 세트가 계속될 필요가 있는 경우를 제외하고 6게임을 먼저 따낸 선수(또는 복식조)가 세트를 얻게 된다.

b. 동 규칙 (a)항의 어드밴티지세트방식에 대한 대안으로 타이브레이크 스코어 방식을 채용할 수 있으며 경기가 시작되기 전에 그러한 결정이 발표되어야 한다. 이 경우, 다음과 같은 규칙이 적용된다. 결정이 되고 경기가 시작되기 전에 발표된 경우가 아니라면 정규 어드밴티지세트로 경기되는 3 세트 매치의 3 번째 세트 또는 5 세트 매치의 5 번째 세트를 제외하고는 타이브레이크 방식은 어느 세트에서든 게임 스코어가 6:6에 이르렀을 때 적용되어야 한다. 타이브레이크 게임에서는 다음과 같은 방식이 사용된다.

ⅰ) 2 포인트 차이로 7 포인트를 먼저 따낸 선수가 게임과 세트를 얻는다. 스코어가 양쪽 모두 6 포인트씩이라면 2 포인트 차이가 날 때까지 게임이 계

속된다. 타이브레이크 게임에서는 스코어를 숫자로 표시한다.

ii) 서브를 넣었던 선수는 첫 번째 포인트에서 서버가 된다. 상대선수는 두 번째와 세 번째 포인트에서 서버가 되며, 그 이후로는 각 선수가 게임과 세트의 승자가 결정될 때까지 연속 2회의 포인트씩을 교대로 서브한다.

iii) 첫 번째 포인트부터 각 서비스는 오른쪽 코트에서 시작하여 오른쪽에서 왼쪽코트로 교대하며 넣어져야 한다. 잘못된 쪽으로부터의 서비스가 발생되고 그것이 발견되지 않았다면 그와 같은 잘못된 서비스로 행해진 모든 경기 결과는 유효하나, 잘못이 발견되는 즉시 정정해야 한다.

iv) 선수들은 매 6 포인트마다, 그리고 타이브레이크게임이 끝나면 엔드를 교대해야 한다.

v) 타이브레이크를 시작할 때 볼을 교환하게 되어 다음 세트의 두 번째 게임까지 교환이 연기되는 경우를 제외하고 볼교환을 위해 타이브레이크게임은 한 게임으로 계산되어야 한다.

(23) 세트수의 한도

한 경기에서 세트수의 한도는 5세트 이내이어야 하며, 또 여자선수가 참가할 경우에는 3세트 이내이어야 한다.

(24) 심판요원의 역할

엄파이어가 선임된 경기에서 엄파이어의 판정은 최종적이다. 그러나 레퍼리가 선임된 경기에서는 법적 문제에 대한 엄파이어의 결정에 대해 레퍼리에게 청원할 수 있으며, 그와 같은 모든 경우에 레퍼리의 판정은 최종적이다.

엄파이어에 대한 보조요원(라인즈맨, 네트 코드 저지, 풋폴트 저지)이 선임된 경기에서 명백한 실수가 발생하여 보조요원의 결정을 바꾸거나, 또는 레트를 선언할 권리를 가진 엄파이어의 의견을 제외하고는 사실문제에 관한 보조요원의 결정은 최종적이다. 보조요원이 판정을 내릴 수 없다면 이러한 사실을 판정을 내려야 하는 엄파이어에게 즉시 알려야 한다. 엄파이어가 사실문제에 대해 판정을 내릴 수 없다면 레트를 선언해야 한다.

데이비스컵경기 또는 레퍼리가 코트에 있는 다른 단체전에서는 어떠한 결정도 레퍼리에 의해 변경될 수 있으며, 또한 레퍼리는 엄파이어에게 레트를 선언하도록 지시할 수 있다.

레퍼리는 자유재량으로 일몰 또는 코트나 날씨상태에 따라 언제라도 경기를 연기할 수 있다. 레퍼리와 선수들이 만장일치로 동의한 경우를 제외하고는 경기가 연기될 경우 그 이전의 스코어와 코트상태를 그대로 유지해야 한다.

(25) 경기의 연속과 휴식시간

경기는 다음과 같은 준비에 따라 첫 번째 서비스부터 경기가 끝날 때까지 연속적이어야 한다.

a. 제1서비스가 폴트라면 제2서비스는 서버에 의해 지체 없이 쳐져야 한다. 리시버는 서버의 합당한 페이스에 따라 경기를 해야 하며, 서버가 서브할 준비를 하면 이를 받을 준비를 해야 한다. 엔드 교대시 게임이 종료될 때 볼이 바깥으로 나간 순간부터 다음 게임의 첫 번째 포인트를 위해 볼이 쳐지는 시간까지 최대 90초를 경과할 수 있다. 그러나 각 세트의 첫 번째 게임이 끝난 후, 그리고 타이브레이크 도중에 경기는 연속적이어야 하며, 선수들은 휴식시간 없이 엔드를 교대해야 한다. 각 세트가 끝나면 볼이 바깥으로 나간 순간부터 다음 게임의 첫 번째 포인트를 위해 볼이 쳐지는 시간까지 최대 120초 간의 세트 브레이크가 있어야 한다. 주심은 경기가 연속적일 수 없도록 만드는 방해가 있으면 자신의 재량권을 사용해야 한다. 국제대회와 국제테니스연맹이 인정하는 단체전의 주최 측은 한 포인트가 종료될 때 볼이 바깥으로 나간 순간부터 다음 포인트를 위해 볼이 쳐지는 시간까지 20초를 초과하지 않는 동안 포인트 사이에 허용된 시간을 결정할 수 있다.

b. 경기는 선수가 자신의 체력, 호흡, 또는 신체적인 조건을 회복하기 위한 목적으로 중지, 지연 또는 방해해서는 안 된다. 그러나 우발적인 부상의 경우 엄파이어는 해당 부상의 조치를 위해 1회 3분간의 경기중지를 허용할 수 있다.

c. 선수가 자신의 통제권 바깥의 상황으로 옷이나 신발 또는 용구(라켓은 제외)를 정리할 수 없어 경기가 불가능하거나 바람직하지 않으면 엄파이어는 불량한 내용을 정비하는 동안 경기를 중지시킬 수 있다.

d. 필요하거나 적절한 경우 엄파이어는 언제라도 경기를 중지하거나 지연시킬 수 있다.

e. 세 번째 세트(또는, 여자가 참가하는 대회는 두 번째 세트) 이후 선수의 통제권 내의 상황이 아닌 부득이한 경우 엄파이어가 필요하다고 생각하면 10분을 넘지 않는 범위 내에서 선수들에게 휴식이 부여되어야 한다. 경기가 중단되고 다음날까지 속개되지 않는다면 휴식은 재개된 날 치러진 제3세트(여자가 참가하는 대회는 2세트) 이후 취할 수 있으며, 끝나지 않는 세트가 종료되면 한 세트로 계산한다.

   경기가 중단되고 같은 날 10분 후까지 재개되지 않는다면 휴식은 방해 없이 3세트가 연속적으로 경기된 후(여자가 참가하는 대회는 2세트) 휴식을 취할 수 있으며, 끝나지 않은 세트가 종료되면 한 세트로 계산한다.

   대회, 경기 또는 단체전을 개최하는 국가, 또는 조직위원회는 대회규정에서 이러한 조건을 수정하거나 생략할 권리가 있으며, 해당 대회가 시작되기 전에 이를 발표해야 한다. 데이비스컵과 페드컵대회에 대해서는 국제테니스연맹만이 대회규정에서 이러한 조건을 수정하거나 생략할 수 있다.

f. 대회위원회는 경기 전에 실시되는 웜업시간을 자유재량으로 결정할 수 있으나, 웜업으로 5분을 초과해서는 안 되며, 해당 대회가 시작되기 전에 이를 발표해야 한다.

g. 승인된 포인트 페널티와 누적이 되지 않는 포인트 페널티방식이 적용될 경우에는 엄파이어는 이러한 방식들의 조건 내에서 자신의 결정을 내려야 한다.

h. 경기는 연속적이야 한다는 원칙에 대한 위반에 대해 엄파이어는 적절한 경고를 준 다음 위반선수를 실격 처리한다.

(26) 코칭

단체전 경기 중 선수는 게임이 종료된 후 엔드 교대시에 한해 코트 내에 앉아 있는 감동으로부터 코칭을 받을 수 있으나, 타이브레이크게임 중 엔드를 바꿀 때는 코칭이 허용되지 않는다. 선수는 다른 어떠한 경기에서도 경기 중에 코칭을 받을 수 없다. 이 규칙의 조건은 엄격하게 해석되어야 한다.

적절한 경고를 한 후 위반선수는 실격 처리된다. 승인된 포인트 페널티방식이 적용될 경우 엄파이어는 이 방식에 따라 벌칙을 부과해야 한다.

2) 복식경기

복식경기의 모습

(1) 복 식

다음과 같은 경우를 제외하고 단식의 규칙이 복식에 적용된다.

(2) 복식코트

복식코트는 폭이 36피트(10.97m)로 즉, 각 사이드가 단식코트보다 4 1/2피트(1.37m) 씩 더 넓으며, 두 개의 서비스라인 사이에 놓인 단식 사이드라인 부분은 서비스 사이드라인이라고 부른다. 다른 측면으로 코트는 규칙 1조에 서술된 것과 유사해야 하나, 원할 경우 네트의 양쪽 사이드 상의 베이스라인과 사이드라인 사이의 단식 사이드라인 부분은 없애도 된다.

(3) 복식에서의 서비스 순서

서비스 순서는 각 세트를 시작할 때 다음과 같이 결정되어야 한다. 각 세트의 첫 번째 게임에서 서브를 하게 된 복식조는 어느 선수가 서브를 할 것인지를 결정해야 한다. 첫 번째 게임에서 서브를 한 선수의 파트너는 세 번째 게임에서 서브를 해야 하며, 두 번째 게임에서 서브를 한 선수의 파트너는 네 번째 게임에서 서브를 해야 하고, 한 세트에서 이어지는 모든 게임은 동일한 순서에 따라 계속되어야 한다.

(4) 복식에서의 리시브 순서

서비스를 리시브하는 순서는 각 세트를 시작할 때 다음과 같이 결정되어야 한다. 첫 번째 게임에서 서비스를 받는 복식조는 누가 첫 번째 게임에서 리시브를 할 것인지를 결정하며, 그 선수는 해당 세트 동안 매 홀수번째 게임에서 서비스 리시브를 계속해야 한다. 상대 복식조는 이와 마찬가지로 두 번째 게임에서 첫 번째 서비스를 누가 리시브할 것인지를 결정하고, 그 선수는 해당 세트 동안 매 짝수번째 게임에서 첫 번째 서비스의 리시브를 계속해야 한다. 파트너들은 각 게임 동안 교대로 리시브해야 한다.

(5) 복식에서 틀린 순서의 서비스

파트너가 틀린 순서로 서브를 했다면 실수가 발견되는 대로 바른 순서의 선수가 서브를 해야 하지만, 그와 같은 잘못이 발견되기 전에 이루어진 모든 포인트, 그리고 서비스폴트는 유효하다. 그와 같은 잘못이 발견되기 전에 게임이 끝났다면 서비스의 순서는 바뀐 대로 계속된다.

(6) 복식에서 틀린 순서의 리시브

게임 중 리시버에 의해 서비스를 받는 리시브 순서가 바뀌었다면 잘못이 발견되더라도 게임이 끝날 때까지 바뀐 순서대로 계속해야 하지만, 파트너들은 해당 세트의 다음번 게임에서 자신들의 처음 리시브 순서로 돌아가야 한다.

(7) 복식에서 서비스폴트

서비스는 규칙에 언급된 바에 따라, 또는 볼이 서버의 파트너나 파트너의 옷이나 소지품에 닿았을 경우 폴트가 된다. 그러나 서브된 볼이 지면에 닿기 전에 레트가 되는 경우가 아니라면 리시버의 파트너 또는 파트너의 옷이나 소지품에 닿았을 경우 서버의 득점이 된다.

(8) 복식에서 경기중인 볼

볼은 상대복식조의 선수 중 한 선수에 의해 번갈아 타구되어야 하며, 선수가 이 규칙을 위반하여 자신의 라켓으로 경기 중인 볼을 건드렸다면 상대복식조의 득점이 된다.

5 테니스의 기본기술

1) 그립과 스윙

(1) 그립

테니스를 시작하려면 우선 라켓을 쥐어야 하는데, 어떻게 쥘지, 결국 그립이 문제가 된다. 그러나 그립을 처음부터 "이렇게 해야 한다."라고 규정하기보다는 플레이하면서 자신의 스타일이나 쥐기 쉬운 방법을 이용하는 것이 가장 바람직하다.

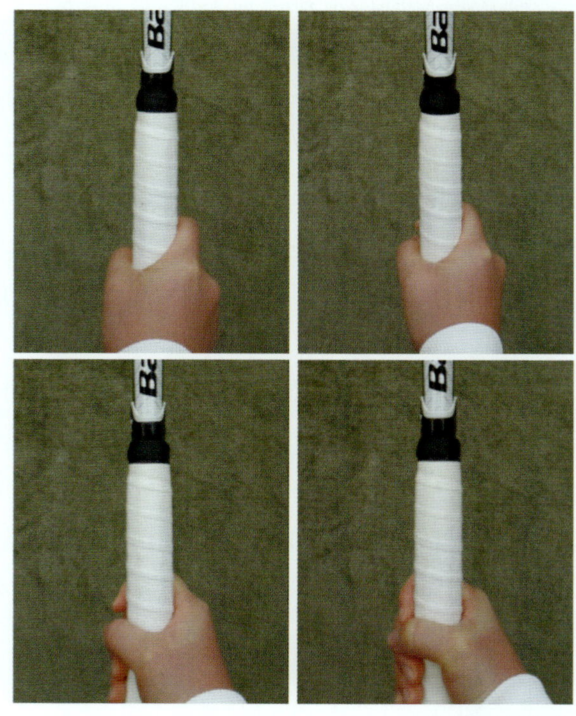

테니스 그립의 종류

① 이스턴 그립

이스턴 그립은 라켓면과 지면이 수직이 되도록 하고 엄지와 검지 사이의 홈이 그립의 한가운데 오도록 잡는다. 마치 악수하는 모양과 닮아서 쉐이크핸드 그립이라고도 한다. 이스턴 그립은 손바닥이 그립에 닿는 면적이 넓기 때문에 라켓에 힘을 전달하기가 용이하고 다른 그립에 비해 라켓의 리치가 길어진다. 그러나 백핸드를 할 시에는 충격에 대해 충분히 지탱해주지 못하기 때문에 그립을 바꿔 쥘 필요가 있다.

② 컨티넨털 그립(잉글리쉬 그립)

라켓면을 지면에 대하여 수직으로 하고, 엄지와 검지 사이의 홈이 그립의 한가운데 오는 것은 이스턴 그립과 동일하지만, 엄지와 검지가 떨어지지 않고 접촉해 있다는 것이 다른 점이다. 손모양이 마치 망치를 쥐고 있는 것과 동일하기 때문에 해머그립이라고도 부른다.

이 그립은 손목의 움직일 수 있는 범위가 넓기 때문에 강력한 파워를 낼 수 있다. 그렇기 때문에 서비스, 스매시, 백핸드에 적합한 그립이다. 보통 스트로크에서는 이스턴 그립을 사용하더라도 서비스나 스매시에는 이 그립을 사용하는 경우가 많다. 이 그립의 장점으로는 포핸드나 백핸드 모두 그립을 바꿔 쥐지 않고 칠 수 있다는 것이다. 그러나 상당히 많은 팔 힘이 요구되기 때문에 힘이 약한 선수는 사용하기가 까다롭다.

③ 웨스턴 그립

주로 정구에서 많이 사용하는 그립이지만 테니스에서도 웨스턴 그립을 사용하는 선수가 많다. 라켓을 지면과 평행하도록 하여 위에서 그립을 쥔다. 높은 공을 칠 때 위력이 강력하다. 웨스턴 그립을 쥐었을 경우 몸의 정면으로 온 공이라도 몸을 낮게 유지할 경우 처리하기가 용이하나 낮은 공에 대한 처리가 어렵다.

(2) 타점과 그립

타점의 순간

타점과 그립은 매우 밀접한 관계를 가진다. 일반적으로 두터운 그립에서는 신체보다 앞쪽에서 스트로크를 치게 되며, 얇은 그립에서는 공을 최대한 신체에 끌어당겨 타점을 늦추어 치게 된다. 여기서 그립의 두텁고 얇은 정도는 라켓과 그립의 각도를 의미하는데, 라켓면이 많이 기울어져 지면과 평행에 가까운 그립은 '두텁다'라고 하고, 라켓면이 위를 향하는 것은 '얇다'라고 한다. 따라서, 웨스턴 그립은 두꺼운 그립, 컨티넨털 그립은 얇은 그립이라고 할 수 있다.

또, 그립으로 보면 웨스턴 그립은 타점이 낮기 때문에 앞으로 기울어지며, 콘티넨털 그립은 타점이 높기 때문에 뒤로 기울여 칠 수 있고, 이스턴 그립은 배꼽 높이에서 칠 수 있다.

자신의 그립의 타점을 아는 것은 매우 중요하다. 자신의 타점을 찾는 쉬운 방법은 다른 사람과 라켓면을 맞춰 서로 밀어보거나, 네트포스트를 라켓으로 밀어보아 가장 힘을 강력하게 줄 수 있는 곳을 찾으면 그곳이 타점이 된다.

(3) 스 윙

포핸드 스윙의 과정

스윙, 즉 라켓을 휘두르는 것을 의미한다. 여기서 중요한 점은 날아오는 공을 향하여 라켓을 휘두르기 시작하고부터 휘두르기가 끝나는 잠깐 동안 노리는 방향으로 라켓이 정확하게 휘둘러졌는가 하는 것이다. 또 스윙에는 단순히 휘두르는 것뿐만 아니라 풋워크와 타구할 때의 중심이동, 밸런스, 그립과 타점에 의해 결정이 된다. 결국, 스윙은 준비에서부터 연속되는 하나의 흐름에 있는 움직임이라고 할 수 있다.

스윙의 과정은 다음의 6가지 단계로 이루어진다. ①준비자세, ②테이크백, ③포워드스윙, ④임팩트, ⑤팔로스루, ⑥처음의 준비자세로 되돌아가기

이 6가지가 하나의 리듬 안에서 계속 반복되는 것이 스윙이다. 다음에 하나하나의 단계에 관해 보기로 한다.

① 준비자세

테니스의 기본 준비자세

네트를 마주 보고, 발은 어깨너비로 벌린 다음에 무릎을 부드럽게 하여 전경자세를 취한다. 이때 무게중심은 발 끝 쪽에 약간 실려 있어야 한다. 오른손잡이는 왼손을 이용하여 라켓을 지지하고, 오른손은 가볍게 그립을 쥐며, 배꼽과 가슴 사이에 라켓을 위치시키도록 한다. 양 팔꿈치는 가볍게 옆구리에 닿도록 하고 눈은 공을 본다. 중요한 것은 긴장을 푸는 것인데, 특히 어깨와 그립에 힘이 너무 들어가면 부드러운 스윙 자세를 만들 수 없다. 공에 반응할 때는 언제나 가볍게 점프한 상태로 있는 것이 가장 바람직하다.

② 테이크백

테이크백이란 타구가 다가올 때 스윙에 들어가기에 앞서 라켓을 뒤로 빼는 동작이다. 포핸드와 백핸드의 테이크백은 각각 다음과 같다.

a. 포핸드 테이크백

포핸드 테이크백

포핸드에서 일반적인 테이크백 방법으로는 라켓을 위에서부터 끌어당기듯이 뒤로 빼는 것이다. 그 이유로 비교적 무거운 라켓을 휘둘러 공을 정확하게 맞추기 위해서 위에서부터 라켓을 돌리는 것이 편하기 때문이다. 아래에서부터 들어 올리는 것보다 위에서부터 내리는 편이 쉬우면서 여분의 힘을 사용하지 않고 테이크백을 할 수 있기 때문이다. 그러나 선수들마다의 특성이 다르기 때문에 옆으로 끌어당기는 선수도 많고 아래에서부터 끌어당기는 선수도 있다.

b. 백핸드 테이크백

백핸드 테이크백

백핸드에서는 포핸드보다 더 빠르게 라켓을 끌어당길 필요가 있으므로 팔꿈치를 조이고 어깨를 비틀어서 테이크백을 한다. 이때, 라켓면은 손목의 노피나 그 약간 위에 있으므로 그대로 옆으로 끌어당기게 된다. 다만, 드라이브를 구사하는 선수는 아래에서부터 끌어당기는 경우가 많다. 어떤 것이든 테이크백은 충분한 여유를 갖고 끌어당기는 것이 중요하다. 가장 이상적인 방법은 상대방의 공이 네트를 넘어왔을 때 하는 것이다. 또, 라켓을 가진 손만으로 잡아당기는 것이 아니라, 상반신을 함께 회전시켜야 한다.

백핸드에서는 테이크백이 클수록 좋기 때문에 가능하다면 어깨가 같이 돌아가도록 다른 손과 함께 테이크백을 한다.

③ 포워드 스윙

포워드 스윙

타점을 알고 테이크백도 훌륭하게 하면, 그 다음엔 공을 잘 보고 라켓면을 안정시켜 되도록 수평으로 휘두른다. 빠른 공을 치려고 빠르고 강하게 휘두르면 오히려 힘이 너무 들어가기 때문에 긴장을 풀고 스윙을 하도록 신경을 집중한다.

테이크백에서 임팩트 순간까지 손은 끝까지 뻗는 시점을 지나서 일직선으로 휘두르게 되는데, 이 때 라켓의 헤드가 들리지 않도록 주의한다.

④ 임팩트

임팩트 순간

포워드 스윙을 할 때에는 손목을 조여 라켓면을 안정되게 유지시키고, 그립은 가볍게 잡고 있다가 임팩트 순간에는 강하게 쥔다.

⑤ 팔로스루

팔로스루

팔로스루는 포워드 스윙에서 그대로 힘을 빼어 라켓을 때리는 방향으로 자연스럽게 밀어내듯이 한다. 크고 편안한 움직임이 가장 바람직하며, 도중에 멈춰버리면 공의 위력이 반감될 뿐만 아니라 리듬도 흐트러지게 된다.

⑥ 원래의 준비자세로 돌아가기

팔로스루로 뻗은 팔을 천천히 몸의 중심으로 되돌리려고 원래의 준비자세로 돌아온 다음 타구준비에 들어가는 동작을 부드럽게 행한다.

(4) 풋워크

테니스의 다양한 스탠스

상대의 공은 언제나 똑같은 곳으로 오는 것이 아니기 때문에 날아오는 공을 정확하게 타격하려면 타구에 따라 잘 움직여야 한다. 그렇기 때문에 테니스를 플레이하는데 있어서 풋워크는 매우 중요하다.

풋워크는 우선 올바른 타점에서 칠 수 있도록 그 위치로 몸을 이동시키는 것이 주 목적이며, 강력하게 공을 타격하기 위해서는 중심이동 타이밍이 잘 맞아야 한다.

결국, 타구에 따라 테이크백, 포워드 스윙, 팔로스루로 움직이게 되는데, 이때 신체의 무게중심이 흔들리면 정확한 스윙이 어려워진다. 포핸드에서 중심이동의 열쇠는 축이 되는 발에 있고, 그 위치를 결정하고 난 다음엔 한쪽 발을 타구방향으로 내밀면 된다.

포핸드에서는 클로즈드 스탠스보다 오픈스탠스가 공을 타격하기가 더 쉽고, 백핸드에서는 축이 되는 발만 회전하여 타격하기 때문에 클로즈드 스탠스가 되는 경우가 많다.

어느 쪽이든지 라켓을 들고 움직이기 때문에 밸런스를 유지하는 것이 중요하다. 그렇기 때문에 라켓을 쥐지 않는 손으로 균형을 유지하여야 한다.

풋워크는 리듬이 중요하다. 테니스에서는 상대의 타구음, 바운드음, 자신의 타구음이 리듬을 만드는데, 항상 공을 보고 리드미컬하게 움직이는 것이 경쾌한 풋워크의 포인트이다.

2) 그라운드 스트로크/포핸드

포핸드 스트로크의 과정

그라운드 스트로크의 포핸드는 테니스의 샷 중에서도 가장 자주 사용되는 것이다. 테니스는 보통 이 샷에서부터 시작되게 된다. 포핸드는 테니스의 가장 기본적인 기술이기 때문에 확실히 익혀두는 것이 매우 중요하다. 이 샷은 공격적인 성향을 가진 샷이며 라켓을 때리는 방향으로 밀어치는 것이다.

포핸드를 수비적인 목적으로만 사용한다면 상대를 이기기에는 매우 힘들다.

(1) 포핸드를 쥐는 법

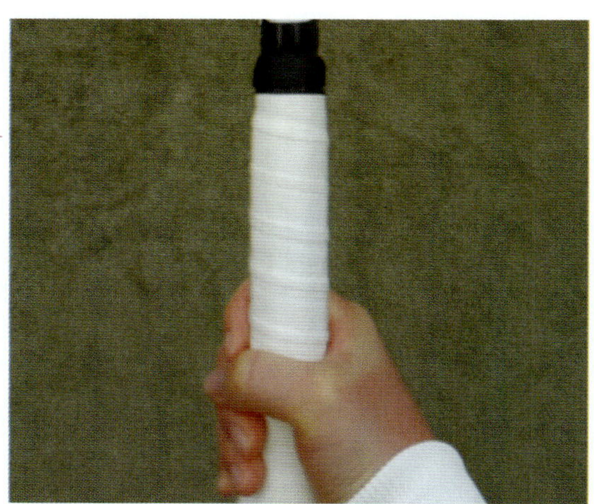

포핸드 그립

오른손잡이는 왼손으로 라켓을 지지하고, 라켓의 손잡이 끝 바닥면은 배꼽을 향하게 하고 라켓면은 지면과 수직이 되도록 한다. 라켓은 신체 앞쪽에서 30~40cm 떨어뜨리고 오른손은 악수하는 느낌으로 새끼손가락부터 쥔다.(이스턴 그립일 경우), 라켓헤드는 손목보다 아래에 위치하지 않도록 주의한다.

포핸드를 구사하는데 있어 그립은 충격 시 비틀림을 예방하고 스트로크에 힘을 가할 수 있게끔 견고해야 손을 움직이면서 라켓으로 충격을 가하는데 도움이 된다. 포핸드에서 사용하는 그립은 시합하고자 하는 코트의 표면이나 플레이하는 선수의 스타일과 함께 어느 정도 달라진다. 클레이코트와 같은 느린 코트면에서 시합을 하는 선수는 웨스턴이나 세미 웨스턴 그립을 선호하는 반면 올라운드 선수나 서브 후 발리를 하는 선수는 이스턴 그립을 더 좋아한다.

(2) 테이크백

플랫스윙의 테이크백은 똑바로 옆으로 끌어당기든지, 위에서부터 원호를 그리듯이 끌어당기게 되는데, 어느 경우라도 라켓을 끌어당기는 위치는 허리높이가 되어야 한다. 테이크백을 크게 하면 강하게 때릴 수 있다고 생각하기가 쉽지만 너무 큰 테이크백은 오히려 공을 컨트롤하여 타격하는데 적당하지 않으므로 피해야 한다. 이를 위해서는 팔꿈치를 옆구리에 가볍게 붙이고, 팔꿈치를 받침점으로 끌어당긴다. 이때 라켓헤드는 어깨의 연장선보다 큰 폭으로 바깥쪽으로 나가지 않는다.

한편, 라켓을 쥔 팔과 손은 긴장을 풀어야 한다. 이렇게 해서 마침내 타구를 위해 포워드 스윙에 들어가게 되는데, 마지막으로 라켓을 타점높이에 맞추는 것을 잊어서는 안 된다. 이 과정을 거친 다음에는 지면과 평행하게 스윙하면 된다.

테이크백의 마지막 자세는 오른발에 체중을 충분히 싣고 오른쪽 무릎을 부드럽게 굽힌 뒤 왼손은 공이 날아오는 방향으로 자연스럽게 뻗어 균형을 취하는 것이다.

(3) 포워드스윙

포핸드의 포워드 스윙

테이크백이 완벽하다면 다음은 큰 문제가 없다. 라켓이 손목보다 낮아지지 않도록 하여 수평으로 휘두른다. 테이크백 이후에는 손목이 먼저 나가도록 해야 안전성이 높아진다. 또 손목은 조이고 있어도 그림은 가볍게 쥐어야 하며, 임팩트 순간에는 강력하게 쥐어야 한다.

공은 라켓을 휘둘러 때리는 것이 아니라 밀어내는 느낌을 때리는 것이기 때문에 라켓면, 손목, 팔꿈치가 타구방향과 수평으로 움직이게 된다. 임팩트 순간에는 완전히 팔일 뻗지 말고, 공이 라켓 면으로부터 떨어져 나갈 때 완전히 뻗어야 한다.

(4) 팔로스루

포핸드의 팔로스루

팔로스루는 공을 때리는 방향으로 자연스럽게 밀어내는 느낌으로 휘두르는 것인데, 쉽게 얘기해서 오른쪽 어깨에 턱이나 오른쪽 뺨이 붙도록 해야 한다. 이때 얼굴은 돌아가지 않도록 주의하여야 한다.

마지막까지 라켓을 휘두른다고 해도 야구의 스윙처럼 팔로스루에서 라켓이 얼굴 뒤까지 가지 말고, 밀어 친 느낌이 들도록 왼손을 모아 양손을 힘껏 뻗어 얼굴정면에서 종료한다. 이때 체중은 오른발에서부터 왼발로 완전히 이동해 있어야 한다. 몸은 타구방향을 향하여야 하고, 이후 라켓을 잡아당겨 되돌림으로써 다음 샷의 준비태세로 돌아간다. 팔로 스루 동안 몸의 각 부분은 점진적으로 속도가 줄어들게 되며 마지막 동작에서도 균형은 매우 중요시된다.

(5) 풋워크

포핸드 풋워크

처음은 좁게, 중간에는 크게, 공에 가까워질수록 또다시 작아지는 것이 일반적인 풋워크이다. 기본적으로 축이 되는 발의 위치를 정하고 공을 타격해야 하기 때문에 축이 되는 발(오른손잡이라면 오른발)의 움직임이 포인트이다. 준비자세일 때는 오른발은 네트를 향해 있지만, 타구시에는 타구 방향과 직각이 되어야 한다. 스윙시에 체중을 오른발에 실은 다음, 구질에 따라 왼발을 디딘다. 상체는 오른쪽으로 1/4회전해 있는 옆을 향한 자세이기 때문에 공은 왼쪽 어깨너머로 보이게 된다. 그리고, 타구에 들어가면서 무게중심은 왼발로 옮겨지게 되는데, 타구 후에는 팔로스루를 완벽히 끝낸 다음 오른발은 원래의 준비자세로 돌아간다.

풋워크를 할 때 중요한 점은 공을 계속해서 보고 있어야 한다는 것이다.

(6) 주의사항

포핸드 스트로크를 하는데 있어 다음과 같은 점을 특히 주의해야 한다.

① 테이크백이 늦지 않은가
② 라켓면은 항상 지면과 수직이 되어 있는가
③ 왼손은 놀고 있지 않은가
④ 몸은 정면을 향하고 있지 않은가
⑤ 팔로스루를 제대로 행하고 있는가
⑥ 풋워크는 경쾌한가
⑦ 너무 강하고 빠르게 라켓을 휘두르려 하지 않는가

3) 그라운드 스트로크/백핸드

테니스 백핸드의 과정

백핸드는 처음에는 어려운 기술이라고 생각하기 쉽지만, 일단 익숙해져서 자신의 것이 되면 정확하게 편하게 공을 리턴시킬 수 있다. 그러므로 처음 백핸드를 배울 때 올바른 기술을 몸에 익혀두는 것이 매우 중요하다. 단순히 테니스를 즐기려는 목적이라면 포핸드 중심으로 경기를 해도 되지만, 더욱 고난도의 수준높은 게임을 목표로 할 때에는 백핸드가 반드시 필요하다. 그 이유는 상대방이 주로 백핸드 쪽을 노리고 공격을 하는 경우가 많기 때문이다.

(1) 백핸드를쥐는방법

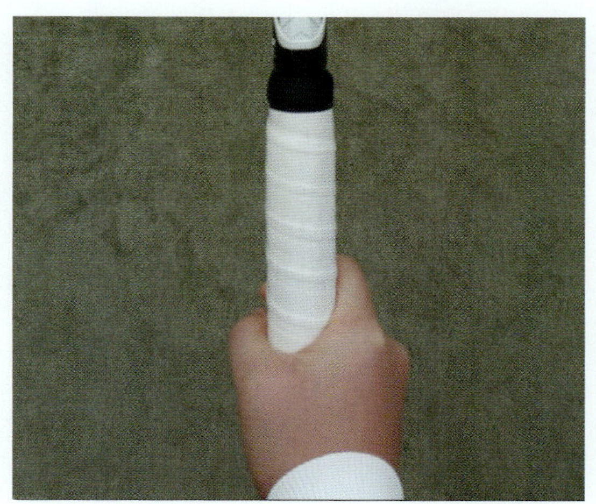

백핸드 그립

백핸드의 의미는 '손등'이다. 따라서, 공을 손등으로 친다는 생각을 갖는 것이 중요하다. 백핸드를 칠 때의 그립은 서비스와 동일하다. 오른손잡이는 오른손의 엄지와 검지 사이의 홈이 라켓 그립의 왼쪽 끝에 오도록 쥔다.

한 손이나 양손 백핸드에서 가장 일반적으로 사용하는 그립은 이스턴 그립과 콘티넨털 그립이다. 백핸드를 구사할 때의 그립은 포핸드와 반대이기 때문에 준비자세에서 빠르게 그립을 변환하는 연습을 해야 할 필요가 있다.

(2) 테이크백

백핸드의 테이크백

백핸드의 테이크백에서는 재빨리 라켓을 당겨 준비자세를 취하는 것이 중요하다. 준비자세에서 왼손은 라켓을 지지하는데, 이 왼손으로 라켓을 잡아당기는 것이 포인트이다. 왼손을 잡아당김으로써 어깨(즉, 상체)가 비틀어지고 오른손은 릴랙스하게 된다. 오른쪽 팔꿈치는 몸에 붙여 당기므로 복부 쪽에 위치시키도록 한다. 포핸드는 팔꿈치를 받침점으로 테이크백하지만, 백핸드는 이와 다르게 팔꿈치와 어깨를 받침점으로 하여 더욱 충분한 테이크백을 하게 된다.

(3) 포워드스윙

백핸드의 포워드스윙

포핸드에서의 포워드 스윙과 큰 차이점은 포핸드에서는 중심이동이 큰 역할을 하지만, 백핸드에서는 오히려 허리 회전에 의해 공을 타격한다는 것이다. 따라서, 오른발을 축으로 사에를 회전하여 공을 타격하는 것을 몸에 익혀야 한다.

스윙은 드라이브나 톱스핀에서는 라켓헤드가 약간 낮아지는 경향이 있으나, 슬라이스에서는 라켓헤드가 낮아지면 안 된다.

이때, 손에서 움직이려고 하지 말고 오른손의 힘을 빼어 허리 회전으로 오른손을 리드하도록 한다. 타점은 포핸드보다 조금 앞쪽인 무릎 앞쪽이 되기 때문에 조금 빨리 스윙을 시작한다.

임팩트할 때에는 특히 엄지에 힘이 들어가 있는지를 확인한다.

(4) 팔로스루

백핸드의 팔로스루

드라이브, 톱스핀 이외에는 임팩트 후에 손목각도를 그대로 하여 공의 비행선을 따라 밀어내듯이 팔로스루한다. 팔로스루가 길수록 컨트롤이 좋고 깊고 긴 공이 된다.

(5) 풋워크

풋워크의 첫 번째 스텝은 왼발의 작은 스텝이다. 이 스텝의 시작과 동시에 상체를 비틀어 스윙이 시작된다. 왼발의 위치가 결정되면, 날아오는 공의 방향에 따라 오른발을 내디디면서 타구 자세를 취한다. 중심이동은 포핸드 때만큼의 중요한 역할은 하지 않지만, 역시 오른발로의 이동도 소홀히 할 수 없다. 백핸드의 풋워크에서는 중심이동이 포핸드보다 빠르게 일어나야 한다.

(6) 주의사항

백핸드는 습득하기는 어렵지만 습득하면 안정적인 샷이 된다. 처음에는 다음과 같은 점에 주의하여 나쁜 버릇이 붙지 않도록 유의해야 한다.

① 테이크백이 늦지 않는가

② 팔꿈치는 몸에 붙어 있는가

③ 슬라이스의 경우 스윙을 들어 올리지 않는가

④ 팔로스루에서 몸이 펴지지 않는가(팔로스루에서 몸이 펴지고 오른쪽 무릎도 뻗으면 공에 체중을 충분히 싣지 못하고 수평으로 스윙하는 것도 어려워진다. 오른쪽 무릎은 가볍게 굽히고, 턱도 잡아당겨야 한다.)

백핸드 스트로크의 과정

4) 발리

근대 테니스에서는 발리가 빠질 수 없다. 특히, 네트플레이에서의 공격적인 플레이가 매우 중요시되고 있다. 발리는 정확하고 위력이 있는 것이 중요한데 발리는 결고 어려운 기술이 아니기 때문에 두려워하지 말고 연습을 해야 한다.

발리에서도 포핸드 발리와 백핸드 발리가 있다. 이 양자는 몸이 향하는 방향이 다르다는 것을 빼면 기본적으로 비슷하다고 볼 수 있으므로 동시에 연습을 많이 하게 된다. 그러나 포핸드 발리에 비해서 백핸드 발리가 조금 더 난이도가 있다.

(1) 그립

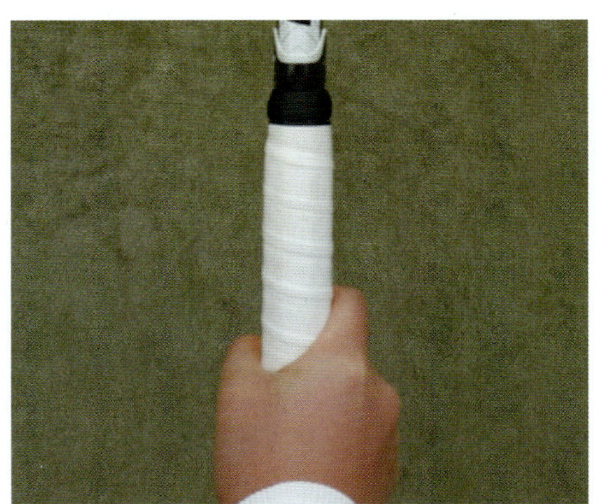

발리의 기본그립인 킨터넨털 그립

발리에서의 그립은 최종적으로는 컨티넨털 그립이 가장 바람직하지만, 초보자이거나 손목이 약한 여성의 경우에는 웨스턴그립이 적당하다. 중급자인 경우에는 이스턴 그립이 좋을 것이다. 사용자가 컨티넨털 그립을 이용하는 이유는 포핸드와 백핸드 모두 한 그립을 사용하기 때문에 그립체인지가 필요 없다.

(2) 준비자세

발리의 기본 준비 자세

발리에서는 준비자세를 할 때에 스트로크가 시작된다고 볼 수 있다. 준비자세는 그라운드 스트로크를 할 때와 같은데, 네트에 2~3m까지 접근한 후 상대방이 공을 치기 직전에 정지하여 몸을 앞으로 숙여 릴랙스시킨 자세이다.

(3) 테이크백

발리의 테이크백

포핸드와 백핸드 발리 모두 라켓을 뒤로 끌어당긴다는 느낌보다는 상체를 옆으로 비튼다는 느낌을 가져야 한다. 즉, 어깨 근처에 머무는 정도의 테이크백이 되는 셈이다. 이때 주의할 점은 라켓헤드가 손목보다 아래로 내려가지 않도록 하는 것이다.

(4) 임팩트

발리 임팩트 모습

테이크백에서부터 포핸드라면 왼발을, 백핸드라면 오른발을 각각 비스듬히 앞으로 내딛고 체중을 앞으로 이동시켜 손목을 단단히 고정하고 라켓면이 지면과 수직이 되도록 하여 임팩트를 한다. 백핸드의 경우에는 포핸드보다도 더 앞쪽에 타점을 위치시킨다.

(5) 팔로스루

발리의 팔로스루

발리에서도 팔로스루는 필요하지만 그라운드 스트로크만큼은 아니며, 작게 밀어치는 느낌으로 친다. 원칙적으로는 포핸드는 오른쪽 발을, 백핸드는 왼발을 축으로 하여 반대쪽 발을 내딛음으로써 중심이동을 돕는다.

5) 스매시

테니스 스매시의 모습

스매시는 현대 테니스에서 필요불가결한 것으로, 특히 복식에서는 매우 중요시된다. 스매시는 네트 앞에서 펼칠 수 있는 기술 중에 가장 강력한 공격 기술이다. 다만 공이 머리 위로 높게 떴을 경우에만 구사할 수 있는 기술이기 때문에 스매시를 하기에 앞서서 상대방이 공을 높게 띄울 수밖에 없도록 유도하는 곳이 중요하다. 스매시를 할 때 공의 코스는 상대방이 칠 수 없도록 구석으로 치는 것이 가장 효과적이지만 무엇보다도 범실을 하지 않는 것이 가장 중요하다.

(1) 그립

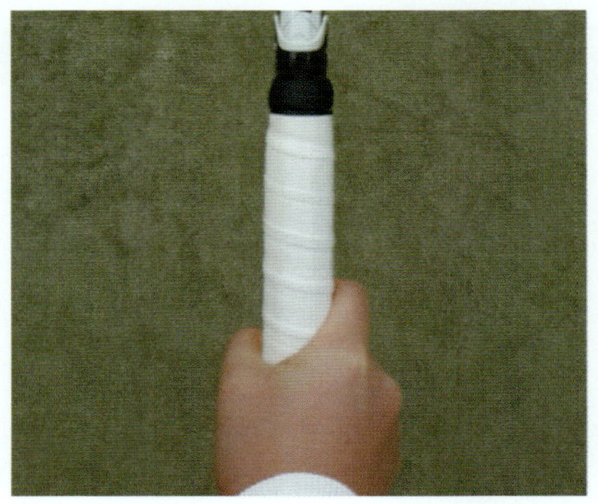

컨티네탈 그립

항상 몸통보다 앞쪽에서 칠 수 있다면 웨스턴 그립이라도 괜찮지만, 실전에서는 후퇴하면서 치는 경우가 많기 때문에 얇은 그립, 즉 컨티넨털 그립이 좋다.

발리와 그립이 동일하기 때문에 네트플레이를 할 때에는 항상 컨티넨털 그립을 유지하고 있는 것이 플레이에 효과적이다.

(2) 준비자세와 풋워크

스매시의 준비자세

상대가 높은 공을 올리면 몸의 오른쪽 앞의 높은 포인트에서 때릴 수 있도록 몸을 시동시키는데 이때 몸의 방향을 옆으로 틀어 라켓을 어깨높이로 재빨리 끌어당긴다. 왼손, 즉 라켓을 갖고 있지 않는 쪽 손은 가볍게 위로 뻗어 공을 가리켜 밸런스를 잡는다. 이때 자세는 낮고 오른발을 뒤로 잡아당긴 상태이다.

오른발에 놓여 있는 무게중심은 왼발을 내디딤과 동시에 이동시켜

스윙에 파워를 싣는데, 이를 위해서 오른쪽 무릎은 부드럽게 유지시켜야 한다. 라켓을 가진 오른손은 공을 칠 수 있도록 팔꿈치와 손목을 자연스럽게 굽힌다. 마치 채찍을 휘두르는 느낌이다. 타점은 뻗어 있는 왼손 위에 오는데 최대한 높은 타점에서 공을 치는 것이 중요하다.

라켓을 휘두를 때 중심은 오른발에서 왼발로 옮기고, 팔로스루할 때는 왼발에 완전히 옮겨지게 되는데, 스매시를 상대가 받아내는 경우도 있으므로 반드시 다음 타구에 대한 준비자세를 취해야 한다.

실전에서는 후퇴하면서 스매시를 하는 경우가 많다. 후퇴할 때는 하반신은 뒤를 향하게 되고 상반신은 옆을 향하게 되는데 이때 공의 위치를 포착하기 위해서 끝까지 공을 잘 봐야 한다. 타이밍이 중요한 스매시에서는 특히 이점을 게을리하면 바로 미스로 연결되므로 주의해야 한다.

(3) 스매시의 요점

갑자기 로빙이 올라오면 당황하게 되는데, 침착하게 몸을 옆으로 틀어 후퇴한다. 또, 어깨에 힘이 많이 들어간 상태에서 공을 치려하면 오히려 타이밍을 잡기 어렵게 되고, 코스도 읽히기 쉽다는 점을 유념해야 한다. 이때 왼손을 잘 활용하는 방법을 익히면 미스가 적어지게 된다.

스매시를 치는 스타일은 플랫서비스와 매우 유사하다. 서비스를 할 때보다 스윙은 작지만 요령은 동일하다.

스매시는 네트플레이의 하나로 발리와 깊은 관계가 있지만, 스매시하겠다고 판단하면 망설이지 말고 과감하게 해야 한다. 어중간한 태도는 오히려 위험하다.

6) 서비스

테니스 서브의 과정

테니스는 서비스에 의해 인플레이 되는데, 현대 테니스에서 서비스는 단순한 경기 개시의 수단이 아니라 다분히 공격적인 성향을 가지고 있다. 서비스가 강하면 커다란 무기가 될 수 있다. 서비스를 강력하게 넣었을 경우 지속적으로 공격적인 샷을 구사할 수 있기 때문이다. 서비스의 종류에는 플랫, 슬라이스, 스핀 등 여러 가지가 있는데, 자신에게 맞는 방법으로 자신의 스타일을 몸에 익히는 것이 좋다. 잘 연습하여 더블폴트를 줄이도록 해야 한다.

(1) 그립

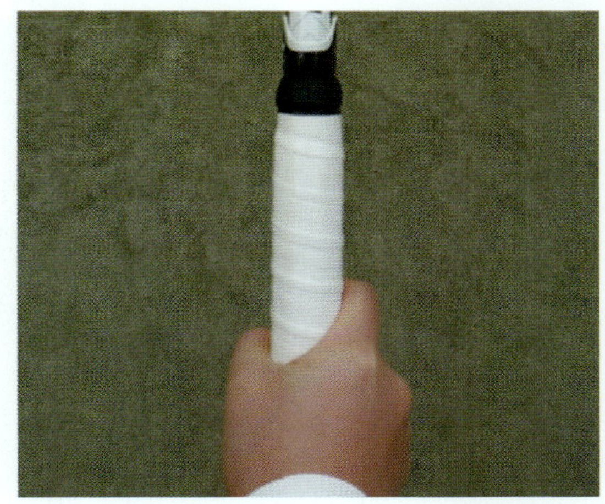

컨티넨털 그립

자기가 하는 서비스에서 편한 그립을 선택하면 좋지만, 일반적으로는 높은 포인트에서 때리기 위해서 라켓을 길게 쥐고, 손목의 스냅을 살리려면 파워에 밀리지 않는 컨티넨털 그립이 좋다. 초보자의 경우 웨스턴 그립을 많이 사용하게 되는데 이때 초반에는 서브를 쉽게 넣을 수 있다는 장점이 있지만 이후에는 손목을 원활하게 사용할 수 없어 공을 강력하게 타격할 수 없기 때문에 처음에는 어렵더라도 꾸준히 컨티넨털 그립을 잡고 서비스를 연습해야 한다.

(2) 준비자세와 서는 위치

서브의 준비자세

우선 서는 위치인데, 단식과 복식에서 차이가 있다. 단식에서는 센터마크에서 0.5m 정도 부근, 복식에서는 센터마크와 복식 사이드라인의 중간 정도가 좋다고 한다. 물론, 자신의 플레이 스타일이나 경우에 따라 바뀔 수도 있다.

다음으로 서비스의 준비자세에 들어가기 전에 공을 잡고 상대의 위치와 준비자세 등을 보아 어디로 서브를 넣을지를 결정한다. 그리고, 축이 되는 발은 베이스라인에 대해 보통은 45도 정도 되도록 단단히 짚어 움직이지 않도록 한다. 풋폴트를 할 수도 있기 때문에 베이스 라인에서 5cm 정도 떨어진다.

양발의 폭은 어깨너비 정도로 편한 스탠스를 취한다.

(3) 토스와 테이크백

오른손으로 서브를 할 때에는 왼손은 공을 토스하고, 오른손은 테이크백하는 각각 별도의 행동을 해야 한다. 하지만, 토스와 스윙을 별개의 것으로 생각하지 말고 스윙 중에 토스 동작이 있다고 생각하는 편이 좋다. 즉, 하나로 이어지는 리듬이 중요하다. 라켓을 든 팔을 뒤로 휘둘러 올림과 동시에 공을 쥐고 있는 팔을 편안하게 들어 올려서 공을 바로 위로 던진다.

토스는 절대 너무 낮아서는 안 된다. 오히려 너무 낮은 것보다는 너무 높다 싶을 정도가 좋다. 자신의 자세에서 어느 높이가 최적인지는 연습하여 몸으로 익히는 수밖에 없다. 토스의 위치는 서비스의 종류에 따라 다르지만, 팔을 뻗은 곳에서 칠 수 있으면 된다.

(4) 중심이동과 몸의 움직임

처음에는 오른발에 중심을 두고 있고, 스윙이 라켓을 치켜드는 동작으로 옮겨갔을 때 왼발로 이동해 가는데 이때 양손은 오른손으로 스윙할 때 토스도 시작되고, 양손은 동시에 올라가게 된다. 그리고, 왼손을 내릴 때 오른쪽 팔꿈치가 올라간다.

팔로스루는 외발의 왼쪽까지 완전히 휘두르는 모양이 되는데, 오른발은 중심이동과 함께 왼발에 달라붙듯이 움직이고 전경자세에서 그대로 제1보로 연결한다.

(5) 서비스의 종류

서브 종류별 토스의 위치

① 플랫 서비스

회전이 없는 플랫볼을 때리는 것으로 스피드를 중요시하는 서비스이다. 높은 타점에서 직선으로 때려 넣는 것으로, 임팩트할 때 왼발부터 오른팔까지 일직선이 된다. 공은 일직선상으로 강하게 나아가며 보통 첫 번째 서브 때 많이 구사한다.

② 슬라이스 서비스

토스한 공의 오른쪽을 왼쪽 아래로 잘라내듯 회전을 주는 서비스이다. 토스의 위치는 플랫 서비스보다 오른쪽인데, 이것을 몸을 비틀어 때린다. 공은 상대코트에서 낮게 바운드된다. 그리고 공은 바운드된 후 오른손잡이의 경우 왼쪽으로, 왼손잡이의 경우 오른쪽으로 빠져나가게 되는데 가장 각을 많이 낼 수 있는 서브이다.

③ 스핀 서비스(트위스트 서비스)

공을 강하게 밑에서 위로 쳐올려 회전을 주어 상대 코트에서 크게 바운드시키는 서비스이다. 토스의 위치는 머리 뒤쪽이고, 몸은 활모양으로 굽혀 전신근육을 사용하기 때문에 체력이 많이 소모된다. 하지만, 안정성이 뛰어나기 때문에 첫 번째 서브를 실패했을 경우 두 번째 서브로 많이 구사한다.

(6) 주의사항

① 축이 되는 발이 단단히 고정되어 있는가(축이 되는 발이 어긋나면 스윙의 방향과 힘이 흐트러진다.)

② 자신에게 맞는 서비스를 하고 있는가(키가 작은 사람에게 플랫 서비스는 적합하지 않고, 어깨가 약한 사람에게 스핀 서비스는 부적합하다.)

③ 어깨에 힘이 너무 들어가지 않는가(힘으로 때리는 것보다 폼으로 때리는 것을 익히자.)

④ 임팩트할 때 몸과 팔과 라켓이 일직선으로 뻗어 있는가(높은 타점에서 팔이 완전히 뻗었을 때 임팩트하는가)

⑤ 좌우의 팔 움직임은 일체화되어 있는가(밸런스, 리듬의 문제)

7) 리시브

상대의 서비스를 리턴하는 것이 리시브인데, 서비스 기술이 향상됨에 따라 리시브 기술도 향상되어야 한다. 서비스 연습과 마찬가지로 리시브 연습도 열심히 해야 한다.

리시브는 기본적으로 그라운드 스트로크인데, 상대 코트로의 리턴에 집중해야 한다. 특히 주의할 점은 네트미스를 하지 않는 것이다. 그러므로 공을 기다릴 때 올바르게 자세를 취하고 상대의 토스에 주목하여야 한다. 그 이유는 토스에 따라 상대의 타구 코스를 예측할 수 있기 때문이다.

또, 서비스는 스피드가 있으므로 공을 잘 보고 테이크백도 재빨리 하여 힘이 가장 많이 들어가는 시점에서 라켓의 한가운데를 맞추도록 한다. 그립도 테이크백에서는 가볍게 쥐고, 임팩트 할 때는 강하게 쥔다. 리시브 하는 위치는 베이스라인 약간 뒤에서 단식 사이드라인에서 안쪽으로 50cm 정도 들어간 곳이 적당하다.

빠른 볼을 리시브할 때는 늦게 휘둘러서는 안되기 때문에 테이크백은 빠르고 작게 하고, 라켓면을 안정시켜 임팩트에서 스피드에 밀리지 않도록 허리를 안정시키고, 그립을 단단히 쥐어야 한다. 서비스에서는 개인적인 버릇이 나타나기 쉽기 때문에 그것을 빨리 파악한다면 상대방의 서비스를 잘 리시브하는데 도움이 된다. 상대가 잘 치는 코스, 못 치는 코스 등을 알면 대처하기 쉽다.

또한, 익숙해지면 알게 되겠지만, 코트의 종류에 따라 구속도 달라지고, 서비스의 종류에 따라서도 구속이 달라진다. 예를 들면, 클레이코트에서는 구속이 빠르지 않으므로 단식이라면 베이스라인 깊숙한 곳이나 각도를 넣어 리턴할 것을 염두에 둔다. 복식이라면 서비스대시에 대처하여 상대방의 발 언저리를 노린다. 또, 잔디코트에서는 구속이 빠르고 바운드가 낮아 복식, 단식 모두 서비스 대시를 많이 하게 되므로 대시하는 선수의 발 언저리를 노리는 리턴을 하든지 정교하게 사이드로 리턴을 하는 것이 유리하다.

6 테니스의 응용기술

1) 로빙

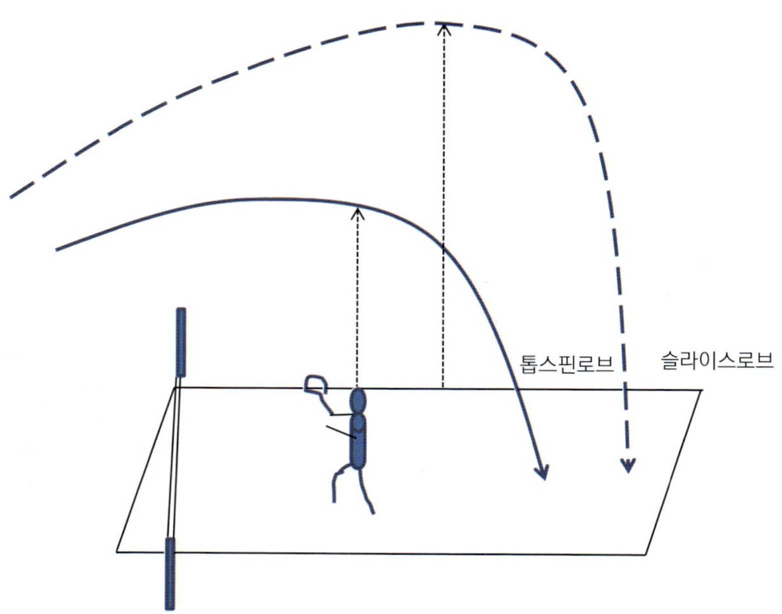

다양한 로빙의 종류

로빙이란 공을 높이 쳐올리는 것이다. 상대의 샷에 밀려 자세를 정확하게 잡지 못 했을 경우 어쩔 수 없이 쳐올리는 경우도 있지만, 네트플레이가 중요한 요소로 되어 있는 현대 테니스에서는 공격수단으로써 사용되는 경우도 있다. 특히, 공격 시에는 상대를 네트로 유인해서 의표를 찌르는 기습적인 로빙을 사용하여야 하는데, 이때는 보통의 스트로크에서 재빨리 로빙으로 전환해야 한다. 처음부터 로빙을 할 것 같은 태도를 보이면 그 효과는 적어진다.

수비수단으로서의 로빙과 공격수단으로써의 로빙에 관해 좀 더 자세히 알아보자.

(1) 수비로서의 로빙

로빙은 수비를 위해 자세를 다시 바로잡기 위하여 사용하게 되는데, 이 경우 가능하다면 높고 베이스라인 쪽으로 깊게 공이 떨어지는 것이 좋다. 상대가 스매시를 미스 해주면 큰 도움이 되는 샷이다. 하지만 반대로 상대방이 정확한 스매시를 구사하였을 경우 오히려 포인트를 잃을 수 있는 위험이 있는 기술이기 때문에 최대한 상대방이 스매시하기 어렵도록 로빙을 구사하여야 한다.

(2) 공격적 로빙

상대가 패싱샷으로 생각하도록 네트로 유인하여 로빙을 띄우는 것으로, 처음부터 로빙이라고 알아차리게 되는 테이크백을 하면 안 된다. 공을 몸에 가깝게 당겨 붙임으로써 타점을 늦추는 것이 비결이다. 상대의 움직임을 읽고 그 의표를 찌르도록 한다. 공은 베이스라인 바로 앞쪽 깊숙한 곳에 떨어뜨리거나, 상대가 칠 수 없는 코스로 각도를 잡아야 한다. 이 기술은 혼자서 넓은 코트를 커버해야 하는 단식경기에서 유용하게 사용될 수 있는 기술이다.

로빙이 성공하는 것은 기분 좋은 일이지만, 로빙은 역시 패싱샷과 함께 사용해야 효과가 있다는 점을 염두에 두고 있어야 한다. 수비 로빙과는 달리 공격적으로 이용할 때에는 시간적 여유가 있으므로 자세를 확실히 유지하고 그라운드 스트로크와 마찬가지 방법으로 스윙을 한다. 로빙을 하겠다는 생각이 지나친 나머지 어깨에 힘이 들어가 자세가 망가지면 안 된다. 상대방이 만약 로빙을 구사할 것을 알아챘다면 오히려 찬스 볼을 내줄 우려가 있기 때문에 최대한 상대방이 알아차리지 못하게 한 상태에서 로빙을 해야 한다.

2) 하이 발리

하이 발리

앞의 발리 부분에서는 어깨에서부터 허리까지 높이에서 하는 발리, 즉 미들 발리라는 발리의 기본을 다루었지만, 여기에서는 어깨 위에서 스매시하기에는 낮은 높이의 발리, 즉 하이 발리를 알아보기로 한다.

하이 발리에는 슬라이스 서비스와 같이 라켓을 세로로 사용하는 발리와, 가로로 사용하여 언더 컷을 하듯 때리는 발리의 2가지 방법이 일반적인데, 어느 경우라도 팔로스루를 길게 하지 않도록 라켓을 멈추는 것이 중요하다. 약간 높은 공, 다시 말해 스매시로서는 좀 낮은 정도의 공을 때릴 때는 손목을 조이고 플랫샷을 치듯이 라켓을 쥐면 좋다.

백핸드 하이 발리는 매우 어렵다. 포핸드에서도 마찬가지이지만, 특히 이 경우는 왼손 사용법이 포인트이다. 왼손으로 밸런스를 잡으면 어려운 샷에 많은 도움이 될 수 있다. 백핸드 하이발리는 힘을 싣기 어려운 자세이기 때문에 어느 정도 연습을 하지 않으면 익숙해지기 어렵다.

3) 로우 발리

로우 발리

로우 발리는 발 언저리로 날아오는 낮은 공을 발리하는 것이다. 발리 전반에 걸쳐 말할 수 있지만, 로우 발리에서도 손목 각도를 변화시키지 않는 것이 중요하고, 라켓헤드는 끝까지 손목보다 높게 유지해야 한다. 처음 로우 발리를 시도할 때는 라켓과 팔이 일직선이 되기 쉬우므로 주의해야 한다.

아래쪽으로 몸을 움직이는데 시간이 걸리므로 미리 낮은 자세를 취해 두는 것이 성공의 비결인데, 이때 무릎을 굽히는 것이 포인트이다. 허리에서부터 상체를 구부려 공을 치는 것이 아니라, 무릎을 굽혀 라켓을 수평으로 휘두른다는 마음으로 체중을 싣는 것이 중요하며, 그것은 매우 어려운 것이기도 하다.

너무 네트에 접근하면 이 샷을 사용하기 어려우므로 자주 볼 수 있는 위치는 서비스라인 근처이다.

다른 발리에서는 팔로스루는 거의 없다고 할 수 있지만, 로우 발리에서는 비교적 길게 팔로 스루가 남는다고 생각해야 한다.

백핸드 로우 발리의 경우에는 밸런스가 매우 중요하다. 포핸드라면 다소 밸런스가 무너져도 칠 수 있지만, 백핸드는 그럴 수 없다. 왼손의 사용법도 중요하지만, 상체를 되도록 수직으로 유지해 두는 것이 정확한 백핸드 로우 발리를 수행하는 것의 비밀이다. 앞으로 숙이면서 치는 로우 발리에서는 대개 건져올리는 결과가 되어 버린다. 이때도 역시 라켓헤드는 손목보다 높게 유지하고 상대의 다음 타구에 대한 준비도 잊어서는 안 된다.

4) 드롭샷

드롭샷이란 상대가 네트에서 떨어져 있을 때 보통의 스트로크처럼 보이게 한 다음 갑자기 네트 근처에 공을 떨어뜨리는 일종의 기습적인 플레이이다. 일반적으로는 백스핀을 걸어 낮게 바운드 시키는 경우가 많다. 이 샷은 드라이브를 잘 구사하는 선수가 사용하면 매우 효과적이고 그 외에는 코트가 부드럽거나 상대가 지쳐 풋워크를 제대로 구사할 수 없을 때 효과가 있다.

타법으로서는 라켓면을 높게 유지하고 상체는 한 발짝 앞으로 내딛는 듯한 모습을 취하면서 공의 기세를 죽이듯이 라켓면을 공의 아래쪽에 넣는 느낌으로 팔로스루를 멈춘다. 목적한 지점에 공을 라켓으로 떨구듯이 치는 것이다. 드롭샷을 구사한 다음 상대가 네트에 접근해 있을 때 로빙샷을 구사하면 상대는 앞뒤로 많이 뛰어야 하기 때문에 에너지 소모가 극심하게 된다.

상대가 드롭샷을 치면 같이 드롭샷을 사용하는 것 또한 좋은 대처 방안이 될 수도 있다.

5) 드롭 발리

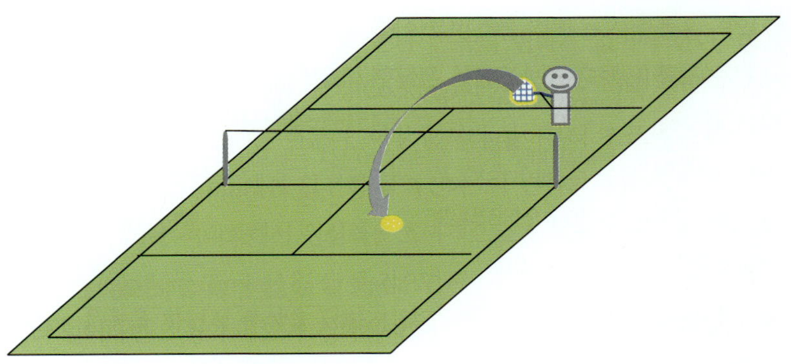

드롭샷은 바운드 시킨 후에 네트 앞쪽에 떨어뜨리도록 리턴하는 기술이지만, 드롭 발리는 바운드 시키지 않고 네트 앞에 떨어뜨리는 발리의 일종이다.

상대가 네트에서 떨어져 베이스라인 가까이 있을 때 백스핀을 걸어 네트 앞에 떨어뜨리면 된다. 이것은 상당히 어려운 기술이어서 간단하게 습득할 수 있는 것이 아니기 때문에 초보자가 사용하기에는 무리가 있다.

이 샷은 보통 발리와 같은 폼으로 실시하는 것이 중요하다. 만약 상대가 드롭 발리라고 알아차릴 수 있는 자세를 취하면 이 샷은 의미가 없다. 네트 가까이에 떨어뜨리면 상대가 절대 받을 수 없을 것이라는 확신이 들 때 이 샷을 구사하는 것이 좋기 때문에 상대가 알아차린다면 강력한 무기가 될 수 없을 것이다.

타구할 때의 비결은 공과 라켓면이 닿는 순간에 라켓을 단단히 잡고 힘을 강하게 하여 작고 날카로운 스윙으로 백스핀을 거는 것이다. 이때 손목 힘이 매우 중요시된다. 이 샷은 할 수 있는 공과 할 수 없는 공으로 나누어지는데, 특히 강한 드라이브를 당했을 경우에는 이 샷을 구사하기 어렵다. 이것은 확실한 찬스에서만 사용하며, 수준 높은 상급자가 구사할 수 있는 샷의 하나이다.

6) 하프 발리

하프 발리는 공이 바운드된 직후, 말하자면 야구에서의 숏 바운드로 때리는 느낌으로 하는 발리이다. 이 샷은 매우 짧은 순간에 이루어지는 샷이기 때문에 매우 뛰어난 테크닉이 요구된다. 상급자도 쉽게 구사하기 어렵지만, 복식일 경우 발 언저리로 공이 자주 오기 때문에 어쩔 수 없이 사용해야 하는 경우도 생긴다. 하프 발리는 스윙 자체가 빠르고 짧은데, 네트에 다가설수록 그 정도는 높아지게 된다. 또, 네트에 가까울수록 라켓면은 위를 향하게 된다. 이때 올라오는 공을 치는 것이기 때문에 임팩트 전에는 공을 약간 덮는듯한 느낌이 들도록 해야 한다. 보통 발리 때와 마찬가지로 라켓면은 손목보다 높게 유지한다. 포핸드와 백핸드 모두 주의해야 할 점은 앞으로 넘어지는 자세로 치지 않도록 하는 것이며, 안정된 폼으로 상체를 세워야 한다.

요약하자면, 이 샷은 주의해야 할 사항도 매우 많고 자칫 잘못 구사하였을 경우 범실을 하거나 오히려 상대방에게 찬스 볼을 줄 수 있기 때문에 되도록 이 샷을 하지 않도록 유념해야 한다. 만일, 어쩔 수 없이 해야 할 때에는 두려워하지 말고 과감하게 실행해야 한다.

7) 러닝샷

러닝 포핸드 샷

이것은 문자 그대로 달리면서 구사하는 샷으로 랠리 중 상대의 공이 얕을 때 달려나가면서 치는 기술이다. 특히, 달리는 스피드가 타구에 더해지므로 보통 스트로크보다 공에 위력이 붙어 아웃되는 경우도 있으므로 주의해야 한다. 그 때문에 공에 톱스핀을 걸어 공이 잘 떨어지도록 해야 한다.

또, 달리면서 하는 동작이기 때문에 테이크백은 되도록 작게 하고, 어느 높이에서 때릴 것인가를 정해두는 것도 중요하다. 어느 방향으로 이동하더라도 포워드 스윙을 할 때에는 타구방향으로 축이 되는 발이 아닌 반대쪽 발을 내딛도록 한다.

부드러운 몸의 움직임과 공을 때리는 타이밍이 이 샷을 성공시키는 중요한 요소이다. 백핸드시에는 왼손으로 밸런스를 유지하는 것도 잊지 않도록 한다.

7 프리테니스

프리테니스 경기모습

1) 프리테니스란?

free란 공간의 제약을 받지 않고 실내, 실외에서 테니스처럼 즐겁게 할 수 있는 라켓 운동으로 뉴 스포츠이다.

규칙도 간단하고 플레이가 쉽기 때문에 남녀노소 누구나 안전하게 즐길 수 있도록 만들어져 건강증진과 체력 강화를 도모할 수 있다.

프리테니스 기원은 태평양 전쟁 후 일본에 주둔하고 있던 미군 군인과 그 가족이 즐기고 있던 게임을 패들테니스라고 불리었으며 그 당시 국내에서 이러한 게임을 힌트로 보다 독창적인 게임으로 발전해 자유롭게 즐길 수 있는 스포츠 일 것을 바라는 마음에 요시다 다다시 명과 아오키 타이로가 고안해 경기규칙을 확립시키고 프리테니스라 명명했다.

이 프리테니스는 연식테니스의 10분의 1 정도의 코트에서 할 수 있는 테니스스포츠의 일종으로 탁구의 민첩함과 테니스의 다이내믹한 움직임을 가지는 독자적인 게임으로서 볼은 연식테니스의 볼을 작게 한 것을 사용

했고, 라켓은 탁구의 라켓을 두 배 크게 한 것으로 테니스와 같이 EASTERN GRIR, 또는 SHAKE HAND GRIP으로 쥐고 친다.

테니스에 비해서 라켓이 짧고 코트가 작기 때문에 연령 성별에 관계 없이 누구나 가볍게 참가할 수 있는 스포츠로, 상급자에 있어서는 톱스핀이나 백스핀 등을 많이 사용해서 변화 있는 게임을 전개함으로써 싫증 나지 않은 즐거운 스포츠.

현재 브라질, 독일, 미국, 유럽 등 각 나라 생활체육으로 확산, 보급되고 있으며

한국에서는 생활체육으로, 학교체육, 가족형 스포츠로 각광 받으며 매년 각 시, 구별 대회, 전국대회, 학교스포츠클럽대회가 개최되고 있다.

2) 경기방법

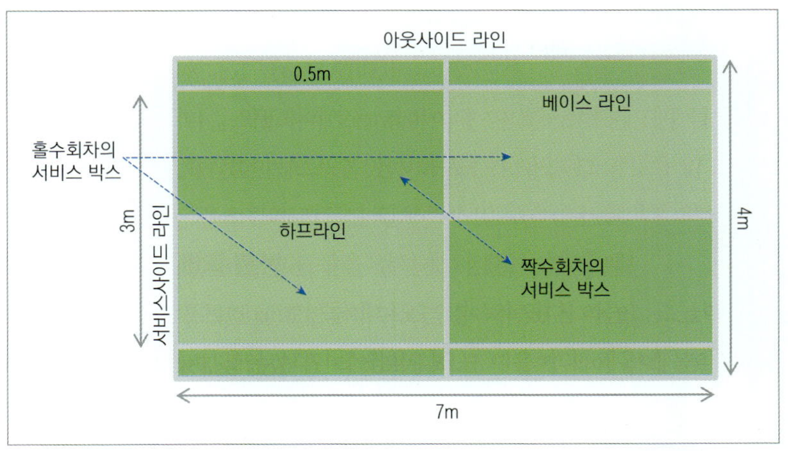

프리테니스 코트규격

a) 단식경기방법

① 단식코트는 아웃사이드라인 7m, 베이스라인 3m의 규격으로 한다.

② 단식경기는 1:1로 경기하는 방법으로 3세트 11점 경기로 이루어진다.

③ 경기는 주심이 코인을 던져 서비스와 코트를 결정한다.

④ 서비스와 코트가 결정되면 코트 중앙에 와서 서로 악수를 하고 인사한다.

⑤ 주심의 선고(플레이볼)로 예의를 표시하고 서비스가 시작된다.

⑥ 서비스는 허리쯤에서 공을 자연스럽게 떨어뜨려 1회 바운드한 볼을 라켓으로 쳐서 대각선 방향 상대진영으로 보낸다.

⑦ 서비스는 우측에서 1회 하고 좌측에서 1회 실시한 후 상대방으로 넘어간다.(1인 2회 실시)

⑧ 3세트 중 2세트를 먼저 선취하면 승리하게 된다.

b) 복식경기방법

① 복식코트는 아웃사이드라인 7m, 베이스라인 4m의 규격으로 한다.

② 복식경기는 2인 1조로 경기하는 방법으로 3세트 11점 경기로 이루어진다.

③ 경기는 주심이 코인을 던져 서비스와 코트를 결정한다.

④ 서비스와 코트가 결정되면 코트 중앙에 와서 서로 악수를 하고 인사를 한다.

⑤ 주심의 선고(플레이볼)로 예의를 표시하고 서비스가 시작된다.

⑥ 서비스는 허리쯤에서 공을 자연스럽게 떨어뜨려 1회 바운드한 볼을 라켓으로 쳐서 대각선 방향 상대진영으로 보낸다.

⑦ 서비스는 우측에서 1회하고 좌측에서 1회 실시한 후 상대방으로 간다.(1인 2회 실시)

⑧ 3세트 중 2세트를 먼저 선취하면 승리한다.

⑨ 경기 진행에 따라 11점, 21점으로 변경할 수 있다.

c) 반칙(fault)

① 아웃 : 공이 네트를 넘어가지 않는 경우, 공이 상대의 코트 밖에 떨어지는 경우

② 오버네트 : 라켓은 물론 몸, 의복 등이 네트를 넘어갔을 경우

③ 바디터치 : 경기 중에 공이 신체, 의복 등에 닿는 경우

④ 네트터치 : 라켓은 물론 몸, 의복 등이 네트에 닿았을 경우

⑤ 라인크로스 :서비스를 넣는 동작 중에 베이스라인을 밟거나 코트 내에 들어가서 서비스하는 경우, 리시버가 서비스 리턴 시 베이스라인을 밟거나 코트 내에 들어가서 리시브 동작을 취하는 경우

⑥ 오버웨이트 : 서비스를 넣을 때 바운드된 공이 허리 이상을 넘어갔을 경우

⑦ 서비스폴트 : 서비스를 넣을 때 서비스가 코트에 제대로 들어가지 않거나 합법적으로 서브되지 않은 경우, 서비스된 공이 네트를 맞고 상대방 서비스 박스에 2회 연속 정상적으로 들어갔을 경우, 서비스한 공이 상대방의 서비스 박스에 떨어지지 않은 경우

⑧ 기타 반칙

– 공이 코트 위에 두 번 또는 그 이상의 바운드한 공을 친 경우(투 바운드: 낫 업)

– 타구 시 공이 2회 이상 동일 라켓에 닿은 경우(투 터치)

– 손에서 떨어진 라켓으로 공을 친 경우

– 공이 심판대에 닿거나 이를 넘었을 경우

– 서브 리시브 시 바운드되지 않은 공을 친 경우

– 서비스 동작에 들어가고 나서 고의적으로 도중에 그 동작을 정지한 경우(단, 그 중간에 주심으로부터 선고가 있었던 경우는 별도로 한다.)

– 리시버가 인플레이 된 공을 서비스사이드의 코트 내에 반격하지 못한 경우

– 리시버의 파트너가 리시버 측에 들어온 인플레이 된 서비스 공을 받았을 경우

– 상대방을 방해하는 행동을 하는 경우 그것이 고의라고 인정되면 그 플레이는 포인터를 잃으며, 무의식적으로 인정되면 다시 하도록 한다.

– 서비스 코트의 순서를 잘못 알고 넣은 서비스일 경우(다음 포인터의 서비스부터 정정한다.

– 서비스 체인지가 잘못되었을 경우(다음 포인터의 서비스부터 정정한다.)

– 주심이 인플레이한 공을 스스로 폴트 또는 노카운트 혹은 미스라고 오인하고 공을 못 친 경우

d) 서브와 리시브 순서

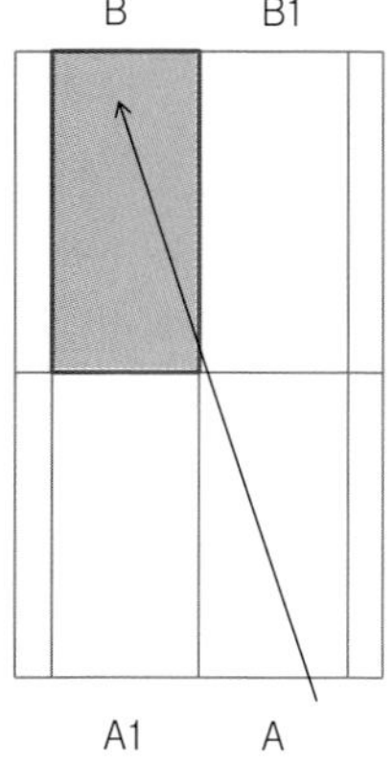

(1) 단식의 경우

① 한 선수가 2번씩 서브를 넣는다.

② 서브를 넣을 때는 우측라인 밖에 서서 허리쯤에서 자연스럽게 떨어뜨려 원바운드된 공을 서비스박스로 넘긴다.

③ A선수가 B선수에게 (대각선) 서브를 1번 하고 두번째 서브를 넣을 때는 A1으로 와서 다시 한번 B1으로 와 서브를 넣으면 된다. B선수가 서브를 넣을 때도 A선수와 같은 방법으로 서브를 넣으면 된다.

④ 우측에서 한번 넣고 다음 좌측에서 넣고는 서브가 상대방으로 넘어간다.

(2) 복식의 경우

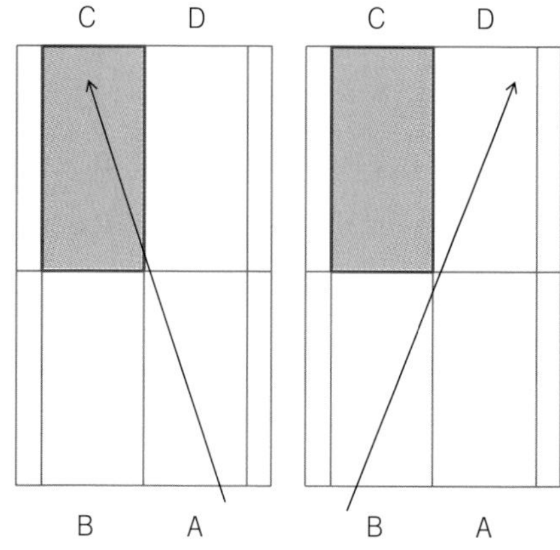

① 한 선수가 2번씩 서브를 넣는다.

② A선수가 서브를 하면 (대각선코트) C선수가 리시브를 하며, 넘어온 공은 B가 그다음은 D가, 다음은 A의 순으로 계속 공은 넘겨야 한다.

③ A선수가 2번째 서브를 넣을 경우에는 상대방 (C,D)선수는 그대로 있고 A선수만 B자리로 B는 A자리로 바꾸고 A선수가 D선수로 서브를 넣으면 된다.

④ D는 B, B는 C, C는 A로 랠리가 이루어진다.

(3) 듀스의 경우

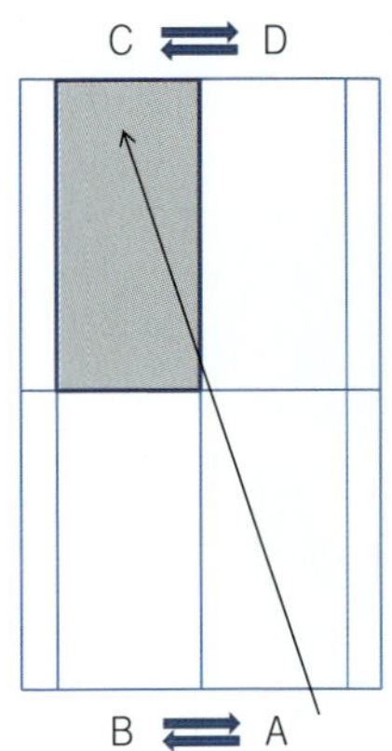

① 듀스일 경우 각각 1번씩 서브를 넣는다.

② 첫 번째 경우 : A가 C에게 (A → B 자리 이동)

두 번째 경우 : C가 B에게 (C → D 자리 이동)

세 번째 경우 : B가 D에게 (A → B 다시 원래 자리로)

네 번째 경우 : D가 A에게 (C → D 다시 원래 자리로)

e) 발리의 횟수

① 상대방이 반격하지 못하도록 하기 위하여 발리도 할 수 있다.

② 발리 후 리턴되는 공을 다시 발리 할 수 없다. (즉, 2회 연속 발리는 불가하다)

③ 첫 발리는 반드시 4구째부터 가능하다.

3) 용구

프리테니스 용구 셋트

프리테니스 고급형 용구

프리테니스 일반형 용구

고급형과 일반형으로 나눠지며 둘의 가장 큰 차이점은 네트 설치대의 차이이다.

고급형은 가방에 넣고 다니며 어디서든 간편하게 조립하여 사용할 수 있으며 일반형은 물통에 물 혹은 모래를 넣어 지주봉을 꼽아 고정시킨다.

라켓은 총 37cm의 크기, 타구면의 길이 22.5cm, 손잡이의 길이는 14.5cm로 규정하며 타구면에 네모 모양의 망목을 새겨 넣는다.

공은 공기를 넣은 다양한 색상의 고무공으로 55mm, 무게 23~24g이 표준이다. 약 150cm 높이에서 50~65cm 바운드되는 것으로 한다.